CHRISTINE PFÜTZNER

KürbisKüche

Christine Pfützner

KürbisKüche

Köstlich leicht, gesund & gut

BuchVerlag
für die Frau

ISBN 978-3-89798-169-0
1. Auflage 2007

Fotos: S. 2, 8/9, 33, 34, 40/41, 51, 52, 65, 66/67, 80/81, 85, 87 shotshop.com
S. 46 Rohit Seth/Fotolia.com, S. 60, 91 Elena Elisseeva/Fotolia.com,
S. 92/93 Emilie Zeiler/Fotolia.com, S. 101 Arpad Nagy-Bagoly/Fotolia.com
Alle übrigen Fotos: Archiv
Covergestaltung: Christine Paxmann text · konzept · grafik, München
Gesamtlayout und DTP-Satz: Ingo Engel, München
Druck: Meiling Druck, Haldensleben
www.buchverlag-fuer-die-frau.de

Inhalt

Gartenfrucht von Format

Der Kürbis, in China der „Kaiser des Gartens“ genannt, ist nicht erst seit Halloween bei uns bekannt, sondern gehört dank seiner Vielseitigkeit zu den ältesten Kulturpflanzen überhaupt, deren kulinarischer und gesundheitlicher Wert von immer mehr Menschen entdeckt und geschätzt wird. Zur großen Kürbisfamilie zählen heute schon über 800 Sorten, von denen die meisten nicht nur sehr dekorativ, sondern auch überaus schmackhaft sind, egal ob pikant oder süß, kalt oder warm zubereitet.

Im ersten Teil dieses Buches finden Sie neben interessanten Informationen rund um die Herkunft der Pflanze und die bekanntesten Kürbissorten viele hilfreiche Tipps im Hinblick auf Einkauf, Lagerung und Zubereitung, dazu eine genaue Anleitung für den unkomplizierten Anbau im eigenen Garten und natürlich auch ein bisschen Hintergrundwissen zum Halloweenfest, das ohne den Kürbis undenkbar wäre und inzwischen auch bei uns immer mehr Anhänger findet.

Der zweite Teil umfasst mehr als 100 Rezepte von einfach bis raffiniert und Schritt für Schritt genau erklärt, sodass auch Kürbis-Neulinge überrascht sein werden, was sich aus diesen großen und kleinen Früchten alles zaubern lässt.

Viel Spaß beim Ausprobieren!

Wissenswertes rund um den Kürbis

Herkunft & Geschichte

KÜRBISREKORD

Der schwerste jemals geerntete Riesenkürbis stammt aus Altoona, Pennsylvania in den USA, wo er am 1. Oktober 2005 nicht weniger als 666,33 kg auf die Waage brachte.

Der Kürbis mit seinen vielen verschiedenen Sorten ist die Frucht einer einjährigen Pflanze. Er gehört zur Familie der Cucurbitaceae und ist eng verwandt mit Melone und Gurke. Die Kulturpflanze hat sich aus wilden Kürbisarten entwickelt, die ursprünglich vermutlich in Mittelamerika zwischen Mexiko und Guatemala beheimatet waren. Von hier aus gelangte sie später nach Nord- und Südamerika und mit Kolumbus schließlich auch nach Europa. Bis dahin waren bei uns nur der aus Afrika stammende Flaschenkürbis *(Lagenaria siceraria)* und der Wachskürbis *(Benincasa hispida)* bekannt, die in ihrer Heimat als Töpfe, Löffel, Karaffen und in Indien auch als Musikinstrument (Sitar) verwendet wurden.

Historische Funde belegen, dass der Kürbis schon seit mehr als 10000 Jahren als Gemüsepflanze bekannt ist, wobei die Indianer ihn zunächst vor allem wegen der Samen kultivierten, da die damaligen Sorten nur wenig Fruchtfleisch besaßen. Erst im Lauf der Jahrhunderte gelang es, bessere und fleischigere Sorten mit fruchtigerem Geschmack zu züchten. Azteken, Inkas und Mayas bauten den Kürbis meist zusammen mit Mais und Bohnen an.

Die deutsche Bezeichnung »Kürbis« geht auf das althochdeutsche »churpiz« zurück, das eine Ableitung des lateinischen »cucurbita« darstellt. Im Mittelhochdeutschen wurden daraus »Kürbse« und andere mundartliche Bezeichnungen wie »Kerwes« oder »Kürwes«, womit ursprünglich die Flaschenkürbisse gemeint waren, die aber später auch auf den Speisekürbis übertragen wurden.

Im englisch-amerikanischen Sprachraum unterscheidet man dagegen zwischen »pumpkin«, »summersquash« (Sommerkürbis) und »wintersquash« (Winterkürbis). In Amerika ist »pumpkin« der Oberbegriff für alle Kürbissorten, die sich für Halloween eignen, während man bei uns zwischen Riesenkürbis *(Cucurbita maxima)*, Moschuskürbis *(Cucurbita moschata)* und Gartenkürbis *(Cucurbita pepo)* unterscheidet. „Pumpkin" hat sich aus dem altenglischen Wort »pompion« entwickelt, das wiederum dem griechischen »pepon« (= reif) entstammt, während »squash« indianischen Ursprungs ist und auf »asutasquash« (= roh essen) zurückgeht.

BUNTE SORTENVIELFALT

Je nach Lagerfähigkeit werden die meisten der heute rund 800 Kürbissorten in Sommer- und Winterkürbisse unterteilt, wobei durch Züchtung immer wieder neue Sorten hinzukommen. Sommerkürbisse sind nicht lange haltbar, während Winterkürbisse bei richtiger Lagerung einen großen Teil des Win-

TIPP

Bei Sommerkürbissen sollten Sie möglichst mehltaufeste Sorten wählen, da einmal befallene Pflanzen keine neuen Früchte mehr bilden, während Winterkürbisse auch bei Pilzbefall meistens noch gut ausreifen.

ters überdauern können. Haupterzeugerländer für Kürbis sind heute vor allem China, Indien, Ukraine, Ägypten, Iran, Mexiko, Italien, Südafrika, Argentinien, Türkei, Spanien und Japan.

SOMMERKÜRBISSE

Sommerkürbisse werden bereits kurz nach der Blüte geerntet, sodass Schale und Kerne noch so zart sind, dass sie mitgegessen werden können. Allerdings halten sich Sommerkürbisse nicht sehr lange – gut gekühlt bleiben sie höchstens 10 Tage frisch. Voll ausgereift sind sie zwar ebenfalls genießbar, aber ihr Fruchtfleisch wird dann trocken und strohig.

☞ Der Zucchino *(Cucurbita pepo var.)* ist wahrscheinlich der bekannteste Vertreter der Familie der Sommerkürbisse und stammt ursprünglich aus Italien, das auch bei der Namensgebung Pate stand – Zucchino ist die Verkleinerungsform des italienischen Zucca = Kürbis. Im Aussehen ähnelt er einer Gurke; die dünne, glatte Schale kann grün oder gelb sein und ist bisweilen graugrün oder gelblich gesprenkelt bzw. gestreift. Das helle, wässrige Fruchtfleisch schmeckt mild und enthält unterschiedlich viele Samenkörner.

Er wird geerntet, bevor er seine volle Reife erlangt hat – am schmackhaftesten ist der Zucchino bei einer Länge von 15 bis 20 cm; je mehr er reift, desto mehr verliert er an Geschmack. Vor allem in der italienischen und französischen Küche sind auch die Zucchiniblüten beliebt, die häufig gefüllt oder als Beignets ausgebacken werden.

☞ Der kleine runde Rondino *(Cucurbita pepo var.)* stammt wahrscheinlich aus den subtropischen Gebieten Asiens und Afrikas und sieht aus wie ein runder Zucchino. Rondini, die nur 100 bis 200 g schwer werden, werden im unreifen grünen Zustand geerntet, ausgereift verfärbt sich das Fruchtfleisch orangerot. Die Samen sind größer als die der Zucchini und ähneln denen des Riesenkürbis.
Im Gegensatz zu Zucchini eignen sich Rondini nicht zum Rohverzehr.

☞ Der Patisson *(Cucurbita var. melopepo f. clypeiformis)* hat eine ungewöhnliche tellerartige Form, weshalb er bei uns auch Bischofs- oder Kaisermütze genannt wird. Die Schale ist meist blassgrün bis weiß, manchmal auch goldgelb, orange oder dunkelgrün und weniger zart als die der Zucchini. Bei sehr reifen Exemplaren wird sie weiß und so hart wie die Schale von Winterkürbissen, sodass sie nicht mehr genießbar ist. Das feste weißliche Fruchtfleisch enthält weniger Wasser als das von Zucchini und hat einen leicht süßlichen Geschmack, der an Artischocke erinnert. Der Patisson schmeckt am besten bei einem Durchmesser von 7 bis 10 cm.

GESUNDHEIT PUR!

Kürbis enthält wie Karotten besonders viel Carotinoide, was sich schon an der leuchtend orangegelben Farbe des Fruchtfleisches zeigt – je nach Sorte genügen bereits 100 g Kürbis, um den Tagesbedarf an diesen wichtigen Antioxidantien zu decken, die der Bildung von freien Radikalen im Organismus vorbeugen. Darüber hinaus wirkt Kürbis wasserausschwemmend und -regulierend. Auch die Kürbiskerne sind nicht nur ein bewährtes Mittel bei Prostatabeschwerden, sondern enthalten neben hochwertigen ungesättigten Fettsäuren, Mineralstoffen und Vitaminen auch Phytosterine, die einem erhöhten Cholesterinspiegel entgegenwirken, indem sie schädliches Cholesterin binden.

☞ Ein weiterer Sommerkürbis ist der vor allem in Frankreich und Italien beliebte Tondo Chiaro di Nizza *(Cucurbita pepo var.)*, auch Ronde de Nice oder Runder aus Nizza genannt. Die glatte, glänzende Schale ist hellgrün mit weißen Sprenkeln, das cremefarbene Fruchtfleisch schmeckt mildaromatisch. Voll ausgereift erreicht der Tondo Chiaro di Nizza ein Gewicht von 1,5 bis 2,5 kg, schmeckt aber am besten bei einem Durchmesser von etwa 12 cm.

WISSENSWERT!

Die dicke, harte Schale der Winterkürbisse ist bis auf wenige Ausnahmen nicht zum Verzehr geeignet und lässt sich meist nur schwer öffnen. Dafür ermöglicht sie in der Regel eine relativ lange Lagerzeit, die je nach Sorte zwischen zwei Monaten und einem Jahr betragen kann.

WINTERKÜRBISSE

Winterkürbisse werden geerntet, wenn sie voll ausgereift sind, und unterscheiden sich je nach Sorte in Form, Größe, Farbe und Geschmack. Ihr orangefarbenes Fruchtfleisch ist trockener, faseriger und wesentlich süßer als das der Sommerkürbisse und wird beim Garen butterweich. Wie Melonen sind Winterkürbisse innen hohl und enthalten harte, voll ausgebildete Samenkörner. Die Samen werden gewaschen, getrocknet

und dann mit oder ohne Salz geröstet als gesunde Knabberei angeboten. Oder sie werden zu Kürbiskernöl verarbeitet, das mehrfach ungesättigte Fettsäuren, wertvolle Vitamine (A, B_1, B_2, B_6 und E) und das krebshemmende Spurenelement Selen enthält. In der Medizin werden Kürbiskerne, die 45 bis 53% Fett, 32 bis 38% Eiweiß, 3 bis 5% Kohlenhydrate, 2 bis 4% Ballaststoffe und reichlich Kalium, Phosphor, Kalzium, Magnesium, Eisen, Kupfer, Selen und Zink sowie die Vitamine A, C, D, B_1, B_2, B_6 und E enthalten, schon seit mehr als hundert Jahren bei Blasenbeschwerden und zur Vorbeugung von Prostatakrebs eingesetzt.

TIPP

Winterkürbisse werden je nach Sorte erst im Herbst oder Spätherbst geerntet. Damit sie anschließend möglichst lange haltbar bleiben, ist es wichtig, dass sich die Früchte kurz vor der Ernte nicht noch mit Wasser vollsaugen. Daher schneidet man den Hauptstängel am besten schon 5 bis 10 Tage vor der Ernte durch.

RIESENKÜRBISSE

☞ Zur großen Gruppe der Riesenkürbisse *(Cucurbita maxima)* gehören der Gelbe Zentner und der ursprünglich aus Frankreich stammende Rote Zentner, zwei der bekanntesten Speisekürbisse, die früher hauptsächlich als Viehfutter verwendet wurden und ausgereift zwischen 20 und 50 kg wiegen. Die hellorangefarbene oder gelbliche Schale des Gelben Zentners ist glatt bis fein gerippt, während der Rote Zentner leuchtend orangefarben ist. Das gelb-orangefarbene, mehlige Fruchtfleisch zerfällt beim Kochen und ist weniger aromatisch als das von anderen Sorten. Die Haltbarkeit beträgt etwa 2 Monate.

☞ Der Turbankürbis *(Cucurbita maxima var. turbanisformis)* bildet an seinem oberen Ende eine Art Turban aus. Sein zartes, aromatisches orange- oder goldgelbes Fleisch hat einen süßen,

TIPP

Als grobe Faustregel gilt, dass 750 g Kürbis brutto, also mit Schale, Kernen und Fasern, etwa 500 g küchenfertigem Kürbisfleisch entsprechen.

haselnussähnlichen Geschmack. Seine unregelmäßig geformte harte, dünne Schale ist grün, weiß und rot und mit verschiedenfarbigen Streifen oder Sprenkeln verziert. Ausgereift erreicht der Turbankürbis einen Durchmesser von 15 bis 20 cm und ein Gewicht von etwa 1,5 kg.

☞ Der Buttercupkürbis hat festes, gelb-orangefarbenes Fruchtfleisch. Seine dickwandige, glatte grüne oder orangefarbene Schale ist oft so hart, dass sie sich nur zerteilen lässt, indem das Messer mit einem stumpfen Gegenstand, etwa mit einem Holzhammer, hineingeschlagen wird. Dieser Kürbis, der in der Regel 1 bis 2,5 kg schwer wird, kann 2 bis 3 Monate gelagert werden.

☞ Ein weiterer beliebter Speisekürbis aus der Gruppe der Riesenkürbisse ist der 6 bis 10 kg schwere Bleu de Hongrie (Ungarischer Blauer) mit weißgrauer Schale, der festes aromatisches, intensiv orangefarbenes Fruchtfleisch enthält. Die Schale lässt sich zwar nur schwer öffnen, dafür ist der Kürbis aber mehrere Monate lagerfähig.

☞ Zu den etwas weniger bekannten Winterkürbissen aus der Gruppe der Riesenkürbisse zählt dagegen der länglich-ovale Bananenkürbis, dessen Schale je nach Sorte elfenbein- oder pinkfarben, grau- oder blassblau, rosa- oder lachsfarben sein kann und der zwischen 1,5 und 20 kg wiegen kann. Sein festes, orangefarbenes Fruchtfleisch eignet sich gut für Suppen. Bei optimaler Lagerung ist er etwa 5 Monate haltbar.

☞ Der ovale Hubbardkürbis *(Cucurbita maxima var. hubbardina)* ist eine alte amerikanische Sorte mit sehr harter, rauer, leicht bis stark gerippter Schale, die dunkelgrün, graublau oder orangerot sein kann. Das Fruchtfleisch ist zart, aber weniger süß als das der meisten anderen Winterkürbisse und im Vergleich zu diesen auch nicht so intensiv orange gefärbt. Er wiegt zwischen 3 und 6 kg und ist bis zu 6 Monate haltbar.

☞ Auch der von der japanischen Insel Hokkaido stammende kreiselförmige Hokkaido-Kürbis (Uchi Kuri) gehört zur Familie der Riesenkürbisse, erreicht aber nicht deren Größe, sondern hat nur ein Gewicht von 0,5 bis 3 kg. Er besitzt eine gerippte, orange- bis rotgefärbte oder dunkelgrüne Schale, die nach dem Kochen mitgegessen werden kann. Der Hokkaido-Kürbis hat zartes, aromatisches Fruchtfleisch, das gelb bis orangefarben ist und im Geschmack etwas an Kastanien erinnert. Seine Lagerzeit beträgt bis zu 6 Monate.

☞ Der Moschuskürbis *(Cucurbita moschata)*, dessen Form an eine große Birne erinnert und der je nach Sorte bis zu 70 kg schwer werden kann, schmeckt am besten bei einer Länge von 20 bis 30 cm. Sein zartes, angenehm süßes, orangefarbenes Fleisch enthält reichlich Carotin. Die glatte Schale ist häufig weiß, kann aber auch dunkelgrün, graugrün, blaugrün oder orangefarben sein und lässt sich relativ leicht entfernen.
Zur Gruppe der Moschuskürbisse gehören der bei uns bekannte Muskatkürbis sowie der Birnenkürbis, auch Butternutkürbis

GEEIGNETE SORTEN

In Deutschland werden inzwischen zahlreiche Sorten angeboten, die auch über Telefon und Internet bezogen werden können. Bei der Auswahl der Sorten gilt als Faustregel, dass Kürbisse mit tieforangefarbenem Fruchtfleisch nicht nur am aromatischsten schmecken, sondern meist auch noch sehr dekorativ sind. Bei Saatgut aus eigener Nachzucht ist dagegen eine Vermischung möglich, die unter Umständen ungenießbare Früchte ergeben kann, sofern Sie verschiedene Sorten angebaut haben oder wenn Zierkürbisse in der Nähe wachsen.

TIPP

Samen von Zierkürbissen wie etwa Flaschenkürbisse sollten vor der Aussaat in lauwarmem Wasser vorquellen. Dafür werden sie in nasse Watte und einen Gefrierbeutel gepackt, 24 Stunden an einen warmen Ort gelegt (z.B. auf die Fensterbank über der Heizung) und anschließend bei einer Temperatur von etwa 25° C ausgesät (z. B. auf der warmen Fensterbank). Dieses Vorquellen ist auch bei großen, hartschaligen Kürbissamen ratsam.

genannt, dessen birnenartige Form wie der Korpus einer Gitarre aussieht. Sein orangefarbenes Fleisch hat einen leicht süßlichen, nussartigen Geschmack. Wie die anderen Moschuskürbisse ist er bei richtiger Lagerung bis zu einem Jahr haltbar.

☞ Zur Gruppe der Moschuskürbisse *(Cucurbita moschata)* gehört auch der flachrunde Muscade de Provence, ein etwa 15 cm hoher und 5 bis 8 kg schwerer dungelgrüner bis rotbrauner Kürbis mit circa 40 cm Durchmesser und stark gerippter Schale. Sein dunkelorangefarbenes festes Fruchtfleisch schmeckt leicht süßlich. Bei guter Lagerung ist er bis zu 8 Monaten haltbar.

☞ Der vor allem in Amerika überaus beliebte, zu den Gartenkürbissen zählende, Eichelkürbis oder Acorn, der selten mehr als 700 bis 800 g auf die Waage bringt, lässt sich wegen seiner breiten Rippen nur schwer schälen. Am besten schmeckt der Acorn bei einer Länge von etwa 12 cm und einem Durchmesser von 15 bis 20 cm. Sein zartes orangegelbes Fruchtfleisch erinnert im Geschmack an Haselnuss. Bei guten Lagerbedingungen ist er etwa 6 Monate haltbar.

☞ Der runde, leuchtend dunkelorangefarbene Halloween-Kürbis, auch Laternen-Kürbis oder Jack O'Lantern genannt, der ebenfalls zur Familie der Gartenkürbisse gehört, eignet sich hervorragend zum Aushöhlen für die Halloween-Laternen (siehe Seite 26/27). Sein Fruchtfleisch ist sehr aromatisch, verliert jedoch bei zu langer Lagerung (mehr als 2 Monate) an Geschmack. Ausgereift hat der Kürbis einen Durchmesser von 30 bis 40 cm und erreicht ein Gewicht von etwa 4 kg.

☞ Zur Gruppe der Gartenkürbisse *(Cucurbita pepo)* gehört auch der zylindrisch geformte Spaghettikürbis, der 20 bis 30 cm lang wird und ein Gewicht von 1,5 bis 3 kg erreicht. Sein hellgelbes Fruchtfleisch enthält lange Fasern, die wie Spaghetti aussehen, und schmeckt leicht nach Nuss.

☞ Als einer der besten Speisekürbisse gilt der runde Sweet Dumpling, der meistens nicht größer als 12 bis 15 cm wird und 300 bis 600 g wiegt. Dieser Kürbis, der sich nur etwa 2 Monate lagern lässt, ist cremefarben mit weiß-grünen Streifen, die Schale ist fein gerippt. Das Fruchtfleisch ist gelblich und hat einen süßlichen, leicht nussartigen Geschmack.

☞ Noch kleiner, aber mindestens ebenso beliebt ist der orangefarbene Jack-Be-Little-Kürbis, der nicht größer als 7 bis 12 cm wird und nur 150 bis 300 g wiegt. Sein orangefarbenes festes, süßes Fruchtfleisch hat ein feines Nuss-Maroni-Aroma.

☞ Ein weiterer Vertreter der Gartenkürbisse ist der runde Ölkürbis *(Cucurbita pepo var. styriaca)*, auch Arzneikürbis genannt, aus dessen Kernen das wertvolle Kürbiskernöl gewonnen wird bzw. dessen Kerne getrocknet und geröstet zum Verzehr angeboten werden. Seine grüngelb gestreifte harte Schale lässt sich nur schwer öffnen.

EINKAUF, AUFBEWAHRUNG & VORBEREITUNG

Einkauf

☞ Sommerkürbisse wie Zucchini oder Rondini (siehe Seite 12/13) sollten fest sein und eine glänzende Schale haben, die keine Risse, Dellen oder sonstige Beschädigungen aufweist. Früchte mit matter Oberfläche sind nicht mehr ganz frisch, und eine fleckige Schale deutet darauf hin, dass sie Frost abbekommen haben. Besonders große Exemplare können holzig und bitter schmecken, während sehr kleine Früchte häufig nicht sehr aromatisch sind.

☞ Winterkürbisse sollten ebenfalls möglichst fest sein und schwer in der Hand liegen. Wenn der Kürbis beim Klopfen auf die Schale hohl klingt und der Stiel zu verholzen beginnt, ist der Kürbis reif. Die Schale sollte relativ matt aussehen und die Früchte sollten möglichst noch einen Teil des Stiels besitzen, da dieser ein vorzeitiges Austrocknen verzögert. Nicht empfehlenswert sind angeschlagene Früchte, die bräunliche Flecken oder Druckstellen aufweisen.

☞ Unreife Winterkürbisse haben eine glänzende Schale und besitzen relativ wenig Geschmack, alte Exemplare dagegen sehen sehr matt aus und haben meist faseriges, trockenes Fruchtfleisch.

☞ Bei Kürbisstücken sollte das Fruchtfleisch saftig sein und eine frische Schnittfläche aufweisen. Die Schale sollte fest sein und die Kerne dürfen sich nicht schwarz verfärbt haben.

Aufbewahrung

☞ Sommerkürbisse sind relativ empfindlich und bleiben ungewaschen und gut verpackt im Kühlschrank höchstens 10 Tage frisch. Sie können, in Scheiben geschnitten und 2 Minuten blanchiert, 3 bis 4 Monate tiefgefroren werden, das Fruchtfleisch wird dadurch allerdings etwas weicher.

☞ Winterkürbisse halten sich je nach Sorte zwischen wenigen Monaten und mehr als einem Jahr, sofern sie an einem dunklen, gut belüfteten, frostfreien Platz bei einer Temperatur von 10 bis 15 °C und einer Luftfeuchtigkeit von höchstens 60% aufbewahrt werden. Um die Haltbarkeit zu verlängern, ist es wichtig, dass der Stiel nicht entfernt und der Kürbis von sämtlichen Erdresten gesäubert wird. Bewährt hat es sich, die Früchte einzeln in Netzen an der Kellerdecke aufzuhängen, sodass sie von allen Seiten gut belüftet werden. Infolge der Verdunstung von Wasser über die mehr oder weniger durchlässige Haut verlieren sie mit zunehmender Lagerdauer allerdings kontinuierlich an Gewicht. Soll Winterkürbis für kurze Zeit im Kühlschrank aufbewahrt

KINDER MÖGEN KÜRBIS

Dank seiner gesunden Inhaltsstoffe eignet sich Kürbis auch sehr gut für die Ernährung von Babys und Kleinkindern. Dafür einfach geschälte Kartoffel- und Kürbisstücke zusammen im Dampf weich garen, pürieren und mit etwas Sahne oder Butter verfeinern. Oder geschälten Kürbis mit der Rohkostreibe reiben, zusammen mit Milch und Grieß kochen und mit etwas Honig abschmecken. Nach dem Abkühlen nach Belieben noch etwas zerdrückte Banane oder geriebenen Apfel darunter mischen.

TIPP

Da die Ranken bei manchen Sorten bis zu 12 m lang werden können, ist es bei unterschiedlichen Sorten ratsam, die Pflanzstellen mit Namensetiketten zu kennzeichnen, um die jeweilige Sorte zur Erntezeit an ihrem Ursprung sicher identifizieren zu können.

werden, schneiden Sie ihn am besten in Stücke oder garen ihn vorher. Rohe Kürbisstücke sind in Folie verpackt im Kühlschrank nur etwa 1 bis 2 Tage haltbar. Vor allem in pürierter Form eignet sich Winterkürbis auch gut zum Einfrieren.
Werden die Früchte bei Zimmertemperatur aufbewahrt, reifen sie schneller nach und werden dementsprechend rascher mehlig und faserig.

Vorbereitung

☞ Sommerkürbisse werden gewaschen, an beiden Enden abgeschnitten und dann halbiert, in Würfel, Stifte oder Scheiben geschnitten oder gerieben verarbeitet. Zum Füllen wird der Kürbis der Länge nach halbiert und mit einem Löffel etwas von dem Fruchtfleisch herausgekratzt. Wegen seines hohen Wassergehalts wird das Fruchtfleisch häufig auch entwässert, was vor allem dann sinnvoll ist, wenn der Kürbis in einem Gericht mitgegart wird, das dadurch zu wässrig werden könnte. Dafür den Kürbis in Scheiben schneiden und in eine flache Schale legen, mit grobem Salz bestreuen und 20 bis 30 Minuten ziehen lassen. Die Kürbisscheiben anschließend in einem Sieb unter fließendem kalten Wasser abspülen und trockentupfen.

☞ Bei Winterkürbissen wird bis auf wenige Ausnahmen die harte Schale entfernt, am besten mit einem langen, scharfen Messer.

Bei besonders harten Schalen sind mitunter sogar ein Hammer und ein großer Schraubenzieher oder ein Stemmeisen notwendig, um die Schale aufzubrechen. Danach kratzt man die Kerne und das faserige Gewebe mit einem Löffel heraus.

TIPP

Wenn Sie genügend Platz im Garten haben, lassen Sie Ihr(e) Kind(er) oder Enkel doch ihre eigenen Kürbispflanzen ziehen. Diese sind nämlich nicht nur wegen ihrer großen Blätter und Früchte besonders interessant, sondern auch wegen des gleichzeitigen Blühens und Fruchtens.

Ganz einfach: Kürbis selbst anbauen

Kürbispflanzen sind sehr anspruchslos und stellen neben ausreichender Wasserversorgung und reichlich Platz keine besonderen Ansprüche.

Aussaat

Da die wärmeliebenden Pflanzen keinen Frost vertragen, dürfen sie erst nach den letzten Bodenfrösten ins Freie, was in einigen Gegenden mit mildem Klima bereits Ende April der Fall sein kann, häufig jedoch erst nach den Eisheiligen Mitte Mai möglich ist. Dementsprechend beginnt die Anzucht 3 bis 4 Wochen vorher.

Vorkultur/Aussaat ins Freiland

Bei der Vorkultur steckt man die Kürbiskerne mit der spitzen Seite nach unten so in die Erde, dass der Kern zwar festsitzt, aber gerade noch sichtbar ist. Am besten geeignet sind Jiffytöpfe oder mit Erde befüllte kleine 6 cm-Einzeltöpfe, in die jeweils

TIPP

Wenn sich viele Schnecken in Ihrem Garten aufhalten, sollten die Kürbispflänzchen bis zum Auspflanzen ins Freiland mindestens 8 gut entwickelte Laubblätter haben, damit sie den Schnecken standhalten können.

1 Kern gepflanzt wird. Nach der Aussaat werden die Töpfe an einen hellen, warmen Platz bei 20 bis 23 °C gestellt und leicht mit Folie abgedeckt.

☞ Eine Aussaat direkt ins Freiland ist zwischen Anfang und Mitte Mai möglich, sofern der Boden bis dahin trocken und warm genug ist. Andernfalls ist es besser, noch eine Woche zu warten und erst dann pro Saatstelle zwei Samen 1 bis 2 cm tief in die Erde zu stecken. Sommerkürbisse mit ihrer kurzen Entwicklungszeit zwischen Blüte und Ernte können Sie bis Anfang Juli aussäen, die meisten Winterkürbisse benötigen dagegen mehr als drei Monate bis zur Reife und sollten deshalb bis spätestens Ende Mai ausgesät werden.

☞ Der Pflanzabstand sollte bei rankenden Sorten 1 m pro Reihe mit 1 m Abstand zwischen den Reihen betragen, bei buschig wachsenden Kürbissen sollten Sie 3 m Abstand pro Reihe und 1 m Abstand zwischen den Reihen einplanen.

☞ Sobald die Pflanzen gut eine Woche nach der Aussaat gekeimt haben, werden sie an einen möglichst hellen, kühlen Platz bei etwa 18 °C gestellt, die Folie wird entfernt. Wenn die Pflanzen dann nach weiteren 2 Wochen 4 bis 6 echte Laubblätter entwickelt haben, werden sie für eine Woche an einem geschützten Standort im Freien abgehärtet und anschließend an ihren endgültigen Standort gesetzt, am besten an einen sonnigen bis höchstens halbschattigen Platz. Der Boden sollte außerdem vorher möglichst gelockert und mit Humus verbessert werden.

GIESSEN UND DÜNGEN

Bei ausreichend Sonne und Wärme bilden die jungen Kürbispflanzen bald zahlreiche Blätter, sodass in kurzer Zeit eine geschlossene Decke entsteht, die kein Hacken oder Jäten erfordert. Während längerer Trockenperioden sollten Sie die Pflanzen ausreichend wässern.

☞ Sofern der Boden mit Kompost verbessert wurde, ist bei Winterkürbissen kein weiteres Düngen notwendig; zuviel Stickstoff würde nicht nur das Blattwachstum zu Ungunsten des Blütenansatzes fördern, sondern die Blätter auch weniger widerstandsfähig gegenüber Mehltau machen. Bei Sommerkürbissen empfiehlt es sich dagegen, im Verlauf des Sommers ein- bis zweimal mit einer Brennnesseljauche nachzudüngen, damit die Pflanzen immer wieder neue Blüten ansetzen.

WICHTIG!

Vor dem ersten Bodenfrost muss der letzte Kürbis geerntet sein, da Kürbisse Minustemperaturen nicht vertragen!

ERNTE

Sommerkürbisse wie Zucchini oder Patisson werden unreif geerntet, d.h. die Ernte beginnt schon im Frühsommer und zieht sich dann bis zum Herbst hin. Die ersten Winterkürbisse kann man dagegen meist nicht vor Ende August ernten, wenn die Schale sich hart anfühlt und die sortentypische Farbe bekommen hat. Am besten lässt sich die Reife am Stielansatz erkennen, der hart und trocken sein sollte. Ein weiteres Reifezeichen ist, wenn der Kürbis beim Klopfen auf die Schale hohl klingt.

Nach der Ernte

An frisch geernteten Kürbissen haften oft Erdreste mit Bakterien und Pilzsporen, die sich bei Schwachstellen auf der Schale rasch entwickeln und so die Früchte verderben können. Deshalb sollten Kürbisse nach der Ernte sorgfältig unter fließendem Wasser gewaschen und anschließend abgetrocknet werden. Wichtig ist außerdem, dass die Schale bei der Ernte möglichst nicht verletzt wird, da sich die Haltbarkeit sonst verkürzt (nur oberflächliche Verletzungen können jetzt noch vernarben). Außerdem sollten Kürbisse nie am Stiel getragen werden, da dieser durch das Gewicht leicht abbricht und die Stelle danach rasch zu faulen beginnt.

SCHÖN GRUSELIG: DIE NACHT VON HALLOWEEN

Halloween ist ein uralter keltischer Brauch, dessen Ursprünge bis in das 5. Jahrhundert vor Chr. zurückreichen. Damals endete in Irland der Sommer und damit das Jahr am Abend des 31. Oktober mit dem großen Fest von Samhain, an dem die Gesetze von Zeit und Raum für eine Nacht aufgehoben waren, sodass sich die guten wie die bösen Wesen aus der Anderswelt unter die Lebenden mischen konnten. Um die Bösen zu vertreiben, zogen die Menschen an diesem Abend in abschreckender Verkleidung lärmend durch die Straßen.

☞ In der Nacht von Samhain wurden aber auch die Orakel befragt und von den Druiden große Freudenfeuer entzündet,

HALLOWEEN

835 n. Chr. erklärte Papst Gregor IV. den 1. November zum Feiertag „Allerheiligen“, an dem man der christlichen Märtyrer gedachte, und so wurde im Lauf der Zeit aus dem „heidnischen“ Samhain-Fest „das Fest am Vorabend zu Allerheiligen“, englisch „All Hallows' Evening“, abgekürzt „Hallows' E'en“, woraus das heutige Halloween entstand.

deren heilige Glut in jedes Haus getragen wurde, um damit das Sonnenlicht über die dunkle Jahreszeit zu retten. Für den Transport der glühenden Kohlen verwendete man ausgehöhlte Rüben, die mit gruseligen Fratzen verziert wurden, um die in dieser Nacht umherirrenden Seelen abzuschrecken.

DIE GESCHICHTE VON JACK O'LANTERN

Der Brauch, am Abend des 31. Oktober, der Nacht von Halloween, ausgehöhlte und gruselig verzierte Kürbis-Laternen aufzustellen, geht auf die alte irische Legende von Jack O'Lantern (Jack mit der Laterne) zurück. Vor langer Zeit, so heißt es, lebte in Irland ein Hufschmied namens Jack, der überall als Trunkenbold und Betrüger bekannt war. Als Jack eines Abends wie gewohnt an der Wirtshaustheke saß und sich betrank – es war der 31. Oktober – tauchte plötzlich der Teufel neben ihm auf, um ihn zu holen. Doch Jack reagierte schnell und bat ihn, ihm ein letztes Bier zu spendieren. Der Teufel war einverstanden, hatte aber kein Geld. Also verwandelte er sich selbst in eine Münze, die Jack rasch in seine Geldbörse steckte, in der sich ein kleines Kreuz befand, sodass der Teufel gefangen war. Er musste Jack versprechen, ihn zehn Jahre in Ruhe zu lassen, und kam frei.

☞ Nach Ablauf der zehn Jahre – es war wieder der Abend des 31. Oktober, erschien der Teufel ein zweites Mal, um Jack zu holen, aber dieser bat ihn um einen letzten Apfel und so klet-

TIPP

Die herrlich duftenden Kürbisblüten sind eine Delikatesse, halten sich aber nur einen Tag, sodass man sie möglichst noch am Erntetag verwenden sollte. Männliche und weibliche Blüten lassen sich leicht unterscheiden: Die männlichen Blüten sitzen auf dünnen, bis zu 30 cm langen Stielen, während bei den weiblichen Blüten der kugelige oder ovale Fruchtansatz direkt unterhalb des Blütenansatzes zu sehen ist.

terte der Teufel auf den Apfelbaum vor dem Wirtshaus, um ihm seinen Wunsch zu erfüllen. Da ritzte Jack rasch ein Kreuz in die Rinde des Stammes, sodass der Teufel erneut gefangen war und ihm dieses Mal sogar versprechen musste, Jacks Seele für alle Zeiten in Ruhe zu lassen, um wieder frei zu kommen.

☞ Die Jahre vergingen, und als Jack eines Tages als alter Mann starb, bat er im Himmel um Einlass. Dort wurde er abgewiesen und so ging er zum Teufel, aber dieser hatte ihm ja sein Ehrenwort gegeben. Der Weg durch die ewige Dunkelheit war einsam und kalt, und der Teufel hatte Mitleid mit ihm. Also schenkte er ihm ein Stück glühende Kohle aus dem Fegefeuer, die nie verlöscht. Jack steckte die Kohle in eine ausgehöhlte Rübe, die er als Wegzehrung mitgenommen hatte, und seither wandert er als ruhelose Seele mit seiner Rübenlaterne durch die Welt.

☞ Mit den irischen Einwanderern gelangte die Legende des armen Jack O'Lantern im 19. Jahrhundert auch nach Amerika, und weil es dort weniger Rüben als Kürbisse gab, wurde kurzerhand der Kürbis zum neuen Halloween-Symbol erklärt.

Deutscher
Handelsklasse 1
Münchener Gärtnerware
Kürbis
1 kg
€
Deutscher
330
Münchener Gärtnerware
Handelsklasse 1
Hokkaido-
Kürbis
1 kg
2.50
€

Kürbissuppen

Kürbis-Kartoffel-Suppe I

FÜR 4 PORTIONEN

2 Schalotten
1 Knoblauchzehe
1 kg Kürbis
2–3 Kartoffeln
2 EL Olivenöl
500 ml Gemüsebrühe
100 g Sahne
1 Bund Petersilie
Salz, Pfeffer
frisch geriebene Muskatnuss
1 Prise Zucker

1 Die Schalotten und den Knoblauch abziehen und fein hacken. Den Kürbis schälen und mit einem Esslöffel das faserige Fruchtfleisch und die Kerne entfernen. Das restliche Fruchtfleisch in Würfel schneiden. Die Kartoffeln schälen, waschen und ebenfalls würfeln.

2 Das Öl erhitzen und Schalotten und Knoblauch darin andünsten. Kürbis und Kartoffeln zufügen und kurz mitschmoren. Gemüsebrühe und Sahne zugießen und die Suppe zugedeckt bei schwacher Hitze etwa 20 Minuten kochen, bis die Kartoffeln und der Kürbis weich sind.

3 Die Petersilie waschen, trocknen und fein hacken. Die Suppe pürieren, mit Salz, Pfeffer, Muskat und Zucker abschmecken und mit der Petersilie bestreut servieren.

Kürbis-Kartoffel-Suppe II

FÜR 4 PORTIONEN

1 große Zwiebel
2 EL Butter
600 g Kürbis, geputzt
2 große Kartoffeln
Salz
Cayennepfeffer
1 l Gemüsebrühe
100 g Crème fraîche
3 EL mittelscharfer Senf
1 TL Zitronensaft
3 EL Kürbiskernöl

1 Die Zwiebel abziehen, würfeln und in einem Topf in der Butter andünsten. 100 g Kürbis fein würfeln und beiseite stellen. Den restlichen Kürbis klein würfeln. Die Kartoffeln schälen, waschen und ebenfalls in kleine Würfel schneiden.

2 Die Kartoffel- und Kürbiswürfel zu den Zwiebeln geben, mit Salz und Pfeffer würzen, die Brühe zugießen und alles zugedeckt 25 Minuten bei schwacher Hitze kochen. Die Suppe pürieren. Crème fraîche, Senf und Zitronensaft unterrühren. Die beiseite gestellten Kürbiswürfel zufügen und 5 Minuten mitkochen. Die Suppe mit dem Öl beträufeln und sofort servieren.

Kürbiscremesuppe

FÜR 4 PORTIONEN

1 kg Kürbis
200 g Crème fraîche
200 ml Milch
300 ml Hühnerbrühe
Salz, weißer Pfeffer
frisch geriebene Muskatnuss
2 Scheiben Weißbrot
2 EL Butter
2 EL geriebener Gruyère

1 Den Backofen auf 180 °C (Gas Stufe 2–3) vorheizen. Den Kürbis schälen, die Kerne und das faserige Gewebe entfernen und das Fruchtfleisch in kleine Würfel schneiden. Crème fraîche, Milch, Salz, Pfeffer, Muskatnuss und Brühe verrühren und mit den Kürbisstücken mischen. Alles in einem feuerfesten Topf zugedeckt 1 Stunde im Ofen garen.

2 Das Weißbrot in kleine Würfel schneiden. Die Butter in einer Pfanne zerlassen und die Brotwürfel darin goldbraun braten. Die Suppe pürieren, nochmals kurz erhitzen und in 4 Suppentassen füllen. Die Croûtons darauf verteilen und den geriebenen Käse darüber streuen.

Mit einem Klecks Crème fraîche und Basilikumblättchen wird die Suppe noch pikanter.

Kürbissuppe mit Käsebaguette

FÜR 4–5 PORTIONEN

750 g Kürbis
80 g Butter
3–4 EL Rotweinessig
1/2 TL Zucker
750 ml Gemüsebrühe
50 g Sahne
Salz, Pfeffer
12 Scheiben Baguette
200 g Bergkäse, frisch gerieben
1 EL gehackte Petersilie
2 EL Kürbiskerne

1 Den Kürbis schälen. Das faserige Gewebe mit den Kernen entfernen und das Fruchtfleisch würfeln. Die Butter zerlassen und die Kürbiswürfel darin andünsten. Zucker, Essig, Gemüsebrühe und Sahne zugeben, alles 20 Minuten zugedeckt kochen und pürieren. Die Suppe mit Salz und Pfeffer abschmecken.

2 Die Baguettescheiben in einer Pfanne in der restlichen Butter von beiden Seiten rösten, auf ein Backblech legen und mit geriebenem Käse, Petersilie und Kürbiskernen bestreuen. Bei starker Hitze überbacken und zur Suppe servieren.

Kürbiskerne am besten ohne Fett in einer Pfanne rösten

Kürbissuppe im Kürbis I

FÜR 8 PORTIONEN
1 Kürbis (3 kg)
750 ml Milch
500 ml Gemüsebrühe
50 g Instant-Haferflocken
Salz, Pfeffer
frisch geriebene Muskatnuss
Balsamicoessig
100 g Toastbrot
150 g geriebener Gouda

1 Den Backofen auf 170 °C (Gas Stufe 2) vorheizen. Von dem Kürbis einen Deckel abschneiden und die Kerne und das faserige Gewebe mit einem Esslöffel entfernen. Milch und Gemüsebrühe mischen und in den Kürbis füllen. Den Kürbis in den Backofen stellen und 60 bis 70 Minuten garen.

2 Den Kürbis herausnehmen und die Milch-Gemüse-Brühe in einen Topf gießen. Das Kürbisfleisch mit einem Löffel von der Schale lösen, ebenfalls in den Topf geben und alles pürieren. Den Backofen auf 270 °C (Gas Stufe 7) hochschalten.

3 Die Suppe zusammen mit den Haferflocken kurz aufkochen und mit Salz, Pfeffer, Muskat und Balsamico würzen. Die Suppe wieder in den Kürbis füllen.

4 Vom Toastbrot die Rinde entfernen. Die Brotscheiben würfeln und über der Suppe verteilen. Den Käse über die Brotwürfel streuen. Den Kürbis in den Backofen stellen und den Käse schmelzen lassen.

Kürbissuppe im Kürbis II

FÜR 8 PORTIONEN
1 Kürbis (3 kg)
2 Zwiebeln
1 Knoblauchzehe
50 g Butter
1 säuerlicher Apfel
1,5 l Fleischbrühe
2 EL frischer Kerbel, gehackt
4 EL Sahne
Pfeffer, Salz
2 EL Kürbiskernöl

1 Vom Kürbis vorsichtig einen Deckel abschneiden und mit einem Esslöffel die Kerne und das faserige Gewebe entfernen. Das Fruchtfleisch herausschaben und würfeln. Die Zwiebeln und den Knoblauch abziehen, würfeln und die Zwiebeln in einem Topf in der Butter glasig dünsten.

2 Den Apfel schälen, vierteln, entkernen und klein würfeln. Apfel-, Knoblauch- und Kürbiswürfel zur Zwiebel geben und kurz mitschmoren. Die Brühe zugießen und alles etwa 20 Minuten zugedeckt bei mittlerer Hitze kochen. Den Kerbel zufügen und die Sahne einrühren. Die Suppe pürieren, mit Salz und Pfeffer abschmecken, in den ausgehöhlten Kürbis gießen und das Kürbiskernöl darüber verteilen. Sofort servieren.

Kürbis-Safran-Suppe

FÜR 4 PORTIONEN

400 g gelber Kürbis, geputzt
4 kleine Frühlingszwiebeln
3 EL Olivenöl
1/2 TL Safranfäden
800 ml Hühnerbrühe
2 TL grüner Pfeffer
Salz

1 Den Kürbis klein würfeln. Die Frühlingszwiebeln putzen, waschen, mit dem Grün in schmale Ringe schneiden und mit den Kürbiswürfeln bei mittlerer Hitze in einem Topf im Öl anbraten. Den Safran zwischen den Fingern zerreiben, darüber streuen und kurz mitschmoren.

2 Die Brühe zufügen, aufkochen und alles zugedeckt bei schwacher Hitze etwa 20 Minuten kochen. Die Pfefferkörner zerdrücken. Die Suppe pürieren und mit Salz und dem grünen Pfeffer würzen.

Süßsaure Kürbissuppe

FÜR 4 PORTIONEN
300 g roter Kürbis, geputzt
1 Zwiebel
3 EL Butter
3 TL Honig
1 EL Sherryessig
600 ml Gemüsebrühe
Salz, Pfeffer
frisch geriebene Muskatnuss
2 Tomaten
125 g saure Sahne
1-2 TL gehackter Dill
2 EL Kürbiskerne
1 EL Kürbiskernöl

1 Den Kürbis klein würfeln. Die Zwiebel abziehen, fein würfeln und in der Butter andünsten. Den Kürbis zugeben, kurz mitschmoren und den Honig zufügen. Unter Rühren kurz weiterschmoren und Essig und Brühe zugießen. Alles zugedeckt etwa 20 Minuten kochen, mit Salz, Pfeffer und Muskatnuss abschmecken und die Suppe pürieren.

2 Die Tomaten überbrühen, abziehen, halbieren, entkernen und das Fruchtfleisch in kleine Würfel schneiden. Tomatenwürfel, saure Sahne und Dill in die Suppe geben, umrühren und nochmals erwärmen, aber nicht mehr kochen. Die Kürbiskerne in einer beschichteten Pfanne ohne Fett kurz rösten. Die Suppe in vorgewärmten Tellern anrichten, mit Kürbiskernen bestreuen und mit etwas Kürbiskernöl beträufeln.

Exotische Kürbissuppe

FÜR 4 PORTIONEN
1 kleine Schalotte
500 g Kürbis, geputzt
4 EL Butter
1 EL Zitronengras
1 TL Ingwer, gerieben
1/2 Chilischote, fein gehackt
1/4 TL Currypulver
1 Gewürznelke
1 Kardamomkapsel
750 ml Gemüsebrühe
150 ml trockener Weißwein
Salz
1 Prise Zucker
2 EL Limettensaft
frisch geriebene Muskatnuss
1 Stiel Koriander

1 Die Schalotte abziehen und fein hacken, den Kürbis in kleine Würfel schneiden und beides in der Hälfte der Butter andünsten. Fein geschnittenes Zitronengras, Ingwer, Chilischote, Currypulver, Gewürznelke und Kardamom zufügen und unter Rühren kurz mitschmoren.

2 Die Gemüsebrühe und den Wein zugießen und alles mit Salz, Zucker, Limettensaft und Muskatnuss würzen. Die Suppe offen bei mittlerer Hitze etwa 20 Minuten kochen, mit dem Mixstab fein pürieren und die restliche Butter unterrühren. Den Koriander waschen, fein hacken und die Suppe mit Koriander bestreut servieren.

Karibische Kürbiscremesuppe

FÜR 6 PORTIONEN

800 g Muskatkürbis, geputzt
4 Zwiebeln
2 Knoblauchzehen
1 EL Öl
400 ml Gemüsebrühe
400 ml Kokosmilch, ungesüßt (Dose)
1 Päckchen Safranfäden
1 Prise frisch gerieb. Muskatnuss
2 TL Ingwer, gerieben
1 Msp. Cayennepfeffer
500 g Tomaten
12 TK-Garnelen, vorgegart
Salz, Zucker
2 EL Kokosraspel
2 EL Koriander, fein gehackt

1 Den Kürbis in kleine Würfel schneiden. Zwiebeln und Knoblauch abziehen und die Zwiebel hacken. Das Öl in einem Topf erhitzen und die Zwiebel darin glasig braten. Den Knoblauch fein hacken und mit dem Kürbis zu den Zwiebeln geben. Beides kurz anschmoren und mit der Brühe ablöschen.

2 Kokosmilch, Safran, Muskatnuss, Ingwer und Cayennepfeffer zufügen und den Kürbis zugedeckt bei mittlerer Hitze in etwa 20 Minuten weich kochen.

3 Inzwischen die Tomaten überbrühen, häuten, entkernen und klein würfeln. Die Garnelen waschen, den schwarzen Darm entfernen und die Garnelen trockentupfen. Die Suppe pürieren und mit Salz und etwas Zucker abschmecken. Tomaten und Garnelen zufügen, kurz erhitzen und die Kokosraspeln und den Koriander darüber streuen.

Italienische Kürbis-Amaretti-Suppe

FÜR 4–5 PORTIONEN

1 mittelgroße Zwiebel
20 g Butter
500 g Kürbis, geputzt
1 l Milch
Salz
1/2 TL Zucker
100 g Amaretti

1 Die Zwiebel abziehen, fein hacken und in der Butter glasig dünsten. Den Kürbis würfeln und kurz mitschmoren. Die Milch zugießen und etwas Salz und den Zucker zufügen. Die Hälfte der Amaretti zugeben und die Suppe zugedeckt 25 Minuten bei geringer Hitze kochen.

2 Die Suppe mit dem Mixstab pürieren, nochmals aufkochen und abschmecken. Die restlichen Amaretti zerbröckeln und über der Suppe verteilen.

Kürbis-Garnelen-Suppe

FÜR 4 PORTIONEN
400 g Kürbis, geputzt
40 g Butter
500 ml Gemüsebrühe
350 g Sahne
1 rote Chilischote
1 Knoblauchzehe
1 Bund Schnittlauch
1 EL abgeriebene unbehandelte Zitronenschale
1 EL Zitronensaft
2 TL Ingwer, gerieben
250 g Garnelen, küchenfertig
4 EL Öl
Salz, Pfeffer

1 Den Kürbis klein würfeln. Die Butter erhitzen und den Kürbis darin 5 Minuten andünsten. Brühe und Sahne zugießen und den Kürbis zugedeckt in etwa 20 Minuten weich kochen.

2 Die Chilischote waschen, putzen, entkernen und fein hacken. Den Knoblauch schälen und zerdrücken. Den Schnittlauch waschen, abtrocknen und fein schneiden. Die Suppe pürieren und Zitronenschale und -saft, Ingwer, Chili und Knoblauch unterrühren. Die Garnelen waschen und trockentupfen.

3 Das Öl erhitzen. Die Garnelen darin von beiden Seiten einige Minuten bei starker Hitze braten, herausheben, in die Suppe geben und alles mit Salz und Pfeffer abschmecken. Die Suppe auf Teller verteilen und mit Schnittlauch oder Basilikumblättchen bestreut servieren.

Kürbisgenuss von Salaten bis Snacks

Kürbissalat

FÜR 2–3 PORTIONEN

400 g Kürbis, geputzt
1 TL Salz
125 g saure Sahne
2 EL Essig
1/2 TL Paprikapulver edelsüß
1 TL Dill, gehackt

1 Den Kürbis fein hobeln, mit dem Salz vermischen und 30 Minuten ruhen lassen.

2 Die saure Sahne mit Essig verrühren und mit dem Kürbis mischen. Den Salat mit Paprikapulver und Dill bestreuen.

Kürbis-Avocado-Salat

FÜR 4 PORTIONEN

200 g Kürbis, geputzt
100 g kleine Perlzwiebeln
Salz
50 g Pinienkerne
2 reife Avocados
1 Kästchen Gartenkresse
50 g Crème fraîche
50 g Mascarpone
1 TL Dijon-Senf
1/2 TL Kurkumapulver
40 ml Sherryessig
20 ml trockener Sherry
50 ml Öl
Salz, Pfeffer

1 Den Kürbis würfeln, die Perlzwiebeln abziehen. Beides in kochendem Salzwasser etwa 1 Minute blanchieren, abgießen und abtropfen lassen.

2 Die Pinienkerne in einer trockenen Pfanne unter häufigem Schwenken rösten. Die Avocados schälen, halbieren, den Kern entfernen und das Fruchtfleisch in Spalten schneiden. Die Kresse abschneiden.

3 Die Crème fraîche mit dem Mascarpone cremig rühren. Senf, Kurkuma, Essig und Sherry zugeben und unter Rühren das Öl zugießen. Das Dressing mit Salz und Pfeffer abschmecken.

4 Kürbis, Perlzwiebeln und Pinienkerne in einer Schüssel mit dem Dressing übergießen und alles locker vermischen. Die Avocados fächerförmig darauf arrangieren.

Kürbis-Apfel-Salat

FÜR 5–6 PORTIONEN

750 g Kürbis, geputzt
2 saure Äpfel
1 feste Birne
1 Bund Schnittlauch
3 EL Joghurt
1/2 TL Senf
Saft von 1 Zitrone
2 EL Öl
Salz, weißer Pfeffer
Selleriesalz
Zucker
Ingwerpulver

1 Den Kürbis auf einer Gemüsereibe raspeln und in eine Schüssel geben. Die Äpfel und die Birne schälen, vierteln, entkernen, ebenfalls raspeln und zum Kürbis geben. Den Schnittlauch waschen, abtupfen, in feine Röllchen schneiden und zum Salat geben.

2 Für die Marinade Joghurt, Senf, Zitronensaft und Öl verrühren und mit Salz, Pfeffer, Selleriesalz, Zucker und Ingwer würzen. Die Marinade über den Salat gießen und alles gut vermischen. Den Salat 15 Minuten ziehen lassen.

Feldsalat mit Rotkohl und Kürbis

FÜR 4 PORTIONEN

150 g Feldsalat
250 g Rotkohl
Salz
200 g Kürbisstücke, süß-sauer eingelegt (Seite 100)
300 g Rinderhackfleisch
3 EL Semmelbrösel
1 Ei
1 TL Senf, mittelscharf
weißer Pfeffer
Thymian, getrocknet
Knoblauchpulver
8 EL Sonnenblumenöl
1 TL Essig
1/2 kleine Zwiebel

1 Den Salat putzen, waschen und abtropfen lassen. Den Rotkohl putzen, waschen und in feine Streifen hobeln. Die Streifen mit etwas Salz vermischen und ziehen lassen. Den Kürbis in einem Sieb abgießen und würfeln.

2 Das Hackfleisch mit dem Ei, den Semmelbröseln und dem Senf vermengen und je 1 Prise Thymian und Knoblauchpulver sowie Salz und Pfeffer zufügen. Aus dem Teig 12 kleine Bällchen formen und die Bällchen in 2 EL heißem Öl bei mittlerer Hitze in einigen Minuten von allen Seiten knusprig braten.

3 Das restliche Öl mit dem Essig und etwas Salz und Pfeffer verrühren. Die Zwiebel abziehen, fein hacken und unterrühren. Rotkohl, Salat und Kürbis mit den Hackfleischbällchen auf Tellern verteilen und mit der Vinaigrette beträufeln.

Kürbisauflauf

FÜR 4 PORTIONEN
750 g Kürbis, geputzt
Salz
1 Zwiebel
2 EL Öl
400 g Rinderhackfleisch
Pfeffer
1/2 TL Oregano
1/2 TL Thymian
1/2 TL Basilikum
Öl zum Einfetten
150 g Crème fraîche
2 Eier
200 g geriebener Käse

1 Den Kürbis in Scheiben schneiden und mit Salz bestreuen. Die Zwiebel abziehen, fein hacken und im heißen Öl glasig dünsten. Das Hackfleisch zufügen, unter Rühren von allen Seiten kräftig anbraten und mit Salz, Pfeffer und den Gewürzen abschmecken.

2 Den Backofen auf 180 °C (Gas Stufe 2–3) vorheizen. Eine Auflaufform einfetten und darin schichtweise die Kürbisscheiben und das Hackfleisch verteilen. Die Crème fraîche mit den Eiern verquirlen und darüber gießen. Den Käse darüber streuen und alles im Ofen 30 Minuten überbacken.

Kürbis-Käse-Auflauf

FÜR 4 PORTIONEN
750 g Kürbis, geputzt
1 große Zwiebel
2 EL Öl
Knoblauchsalz, Pfeffer
2 EL Butter
1 EL Mehl
250 ml Milch
2 EL geriebener Emmentaler
5 EL saure Sahne
2 Eigelb
Salz
frisch geriebene Muskatnuss
Majoran, Bohnenkraut
Petersilie
2 Eiweiß
Öl zum Einfetten

1 Den Kürbis auf der Gemüsereibe grob raspeln. Die Zwiebel abziehen, klein hacken und im heißen Öl glasig dünsten. Die Kürbisraspel zugeben, 3 Minuten mitschmoren, mit etwas Knoblauchsalz und Pfeffer würzen und vom Herd nehmen.

2 Die Butter in einem Topf zerlassen und das Mehl einrühren. Die Milch portionsweise unter ständigem Rühren zugießen und den Käse, die saure Sahne und die Eigelbe unterrühren. Die Sauce mit Salz, Pfeffer, Muskatnuss, Majoran, Bohnenkraut und Petersilie würzen. Die Eiweiße steif schlagen und unterheben.

3 Den Backofen auf 180 °C (Gas Stufe 2–3) vorheizen. Eine kleine Auflaufform einfetten. Die Kürbis-Zwiebel-Mischung darin verteilen, mit der Bèchamelsauce übergießen und im Ofen 25 Minuten überbacken.

Kürbis-Makkaroni-Auflauf

FÜR 4 PORTIONEN

500 g Kürbis, geputzt
250 g Makkaroni
Salz, weißer Pfeffer
etwas Zitronensaft
Öl zum Einfetten
einige Salbeiblätter
150 g Gorgonzola
350 g Sahne

1 Den Kürbis in kleine Würfel schneiden. Reichlich Salzwasser aufkochen, die Makkaroni darin bissfest garen, abgießen und mit den Kürbiswürfeln mischen. Alles mit Salz, Pfeffer und Zitronensaft abschmecken.

2 Den Backofen auf 200 °C (Gas Stufe 3–4) vorheizen. Eine kleine Auflaufform einfetten und die Makkaroni-Kürbis-Mischung darin verteilen. Die Salbeiblätter fein hacken. Den Gorgonzola zerdrücken und mit der Sahne und dem Salbei verrühren. Die Käsesahne über der Makkaroni-Kürbis-Mischung verteilen und den Auflauf im Ofen 40 Minuten backen.

Kürbis-Zwiebel-Auflauf

FÜR 3–4 PORTIONEN

1 Hokkaido-Kürbis (500 g)
6 EL Sojasauce
500 g Zwiebeln
3 EL Öl

1 Den Kürbis waschen, in dünne Scheiben schneiden und 2 EL Sojasauce darüber träufeln. Die Zwiebeln abziehen, fein würfeln und im heißen Öl glasig dünsten. Etwas Wasser und die restliche Sojasauce zufügen und die Zwiebeln bei geringer Hitze einige Minuten offen garen, bis die Sauce etwas eingedickt ist.

2 Den Backofen auf 180 °C (Gas Stufe 2–3) vorheizen. In eine feuerfeste Form abwechselnd Kürbis und Zwiebelsauce einfüllen und den Auflauf zugedeckt im Ofen 40 Minuten garen. Zu Reis und gemischtem Salat servieren.

Kürbisstrudel

FÜR 8 PORTIONEN

600 g Mehl
Salz
4 EL Öl
750 g Kürbis, geputzt
1 Zwiebel
120 g weiche Butter
3 Eigelb
250 g Quark
100 g saure Sahne
1 EL Petersilie, gehackt
3 Eiweiß
Pfeffer
Kümmel, gemahlen
frisch geriebene Muskatnuss
flüssige Butter
Mehl zum Ausrollen
3 EL Kürbiskerne, gehackt

1 500 g Mehl in eine Schüssel sieben und mit 250 ml lauwarmem Wasser, 1/2 TL Salz und dem Öl gründlich zu einem glatten Teig verkneten. Den Teig in Klarsichtfolie wickeln und 30 Minuten ruhen lassen.

2 Inzwischen den Kürbis auf der Gemüsereibe grob raspeln. Die Zwiebel abziehen, fein hacken und in 1 Esslöffel Butter glasig dünsten. Die Kürbisraspel zufügen, 3 Minuten mitdünsten und abkühlen lassen.

3 Die restliche Butter mit den Eigelben verrühren. Quark, saure Sahne und Petersilie zufügen und die Kürbis-Zwiebel-Mischung unterrühren. Die Eiweiße steif schlagen. Das restliche Mehl sieben und zuerst das Mehl unterrühren, dann den Eischnee unterheben. Die Füllung mit Salz, Pfeffer, Kümmel und Muskatnuss würzen.

4 Den Backofen auf 180 °C (Gas Stufe 2–3) vorheizen und ein Backblech einfetten. Den Teig auf etwas Mehl sehr dünn rechteckig ausrollen, mit etwas Butter bestreichen und die Füllung darauf verteilen, dabei einen kleinen Rand freilassen. Den Teig vorsichtig aufrollen und den Rand gut festdrücken. Den Strudel mit der Nahtseite nach unten auf ein gefettetes Backblech legen, mit Butter bestreichen, mit den Kürbiskernen bestreuen und im Ofen 40–50 Minuten backen.

Schneller Kürbisstrudel

FÜR 8 PORTIONEN
1 Packung TK-Blätterteig
1 große Zwiebel
1 Bund Petersilie
2 EL Öl
600 g Kürbis, geputzt
100 g Magerquark
50 g weiche Butter
100 g saure Sahne
3 Eier
80 g Mehl
Salz, Pfeffer
Kümmel, gemahlen
frisch geriebene Muskatnuss
1 Eigelb

1 Die Blätterteigscheiben nebeneinander legen und auftauen lassen. Die Zwiebel abziehen und fein würfeln. Die Petersilie waschen, trockentupfen und fein hacken. Die Zwiebel klein schneiden, im heißen Öl glasig dünsten und die Petersilie zufügen.

2 Den Kürbis auf der Gemüsereibe grob raspeln, in ein dünnes Geschirrtuch geben, auspressen und zur Zwiebel geben. Quark, Butter, saure Sahne und die Eier mit dem Handrührer cremig rühren. Nach und nach das Mehl unterrühren und alles mit Salz, Pfeffer, Kümmel und etwas Muskatnuss würzen. Die Zwiebel-Kürbis-Masse zufügen und alles gut vermischen.

3 Den Backofen auf 180 °C (Gas Stufe 2–3) vorheizen. Die Blätterteigplatten leicht übereinander lappend zu einer großen Teigplatte ausrollen und die Nahtstellen gut zusammendrücken. Die Kürbisfüllung darauf verteilen, dabei einen kleinen Rand freilassen, und den Teig der Länge nach aufrollen. Den Strudel auf ein mit Backpapier ausgelegtes Backblech legen, mit Eigelb bestreichen und im Ofen etwa 40 Minuten backen.

Kürbis mit Eifüllung

FÜR 4 PORTIONEN
4 Patisson-Kürbisse à 300 g
1 l Gemüsebrühe
Butter zum Einfetten
Salz, weißer Pfeffer
8 Eier
4 EL Petersilie, gehackt
8 EL geriebener Parmesan

1 Die Kürbisse halbieren und die Kerne und das faserige Gewebe mit einem Esslöffel entfernen. Die Gemüsebrühe erhitzen. Die Kürbishälften darin 10 Minuten garen, herausheben und abtropfen lassen. 200 ml Gemüsebrühe abmessen.

2 Eine feuerfeste Form mit Butter einfetten. Den Backofen auf 220 °C (Gas Stufe 4–5) vorheizen. Die Kürbishälften in die Form setzen und mit Salz und Pfeffer würzen.

3 Jeweils 1 Ei in eine Kürbishälfte aufschlagen, je 1/2 Esslöffel Petersilie und 1 Esslöffel Parmesan darüber streuen und die abgemessene Gemüsebrühe in die Form gießen. Alles mit Alufolie abdecken und im Ofen 20 Minuten garen. Die Folie entfernen und die Kürbisse weitere 10 Minuten backen.

Kürbis mit Couscous-Füllung

FÜR 4 PORTIONEN

1 Kürbis à 2 kg
Salz
250 g Couscous (Instant)
1 EL Butter
400 g Shiitake-Pilze
2 Zwiebeln
2 rote Chilischoten
30 g frische Ingwerwurzel
1 1/2 Bund Frühlingszwiebeln
4 EL Olivenöl
abgeriebene Schale
von 1 unbehandelten Zitrone
1 Bund Koriander
150 g Crème fraîche
Öl zum Bestreichen
250 g Schmand
2–3 EL Zitronensaft
Pfeffer

1 Mit einem scharfen Messer einen Deckel vom Kürbis abschneiden. Die Kerne und das faserige Gewebe mit einem Esslöffel entfernen. Den Kürbis innen mit Salz einreiben und 30 Minuten kopfüber abtropfen lassen.

2 Inzwischen Salzwasser aufkochen. Das Couscous einrühren, vom Herd nehmen und 7 Minuten quellen lassen. Die Butter unterrühren.

3 Die Pilze waschen, abtrocknen und putzen. Die Stiele entfernen und die Pilze vierteln. Die Zwiebeln abziehen und fein würfeln. Die Chilischoten halbieren, entkernen und sehr fein würfeln. Den Ingwer schälen und fein hacken. 1 Bund Frühlingszwiebeln putzen und nur das Weiße und Hellgrüne in feine Ringe schneiden.

4 Das Öl in einer großen Pfanne erhitzen und die Pilze darin anbraten. Zwiebeln, Chili und Ingwer zugeben und kurz mitdünsten. Frühlingszwiebeln und Zitronenschale zufügen und alles mit etwas Salz abschmecken. Den Koriander waschen, abtrocknen und fein hacken. Das Pilzgemüse mit Couscous, Crème fraîche und Koriander mischen.

5 Den Kürbis innen mit Küchenpapier trockentupfen und die Couscous-Pilz-Mischung einfüllen. Den Kürbis rundherum mit etwas Öl bestreichen. Den Backofen auf 190 °C (Gas Stufe 3) vorheizen. Ein Backblech mit Alufolie auslegen. Den Kürbis darauf setzen und im Ofen 90 Minuten garen.

6 Die restlichen Frühlingszwiebeln waschen, abtrocknen, putzen und in feine Ringe schneiden. Den Schmand mit Zitronensaft, Salz und Pfeffer verrühren und die Frühlingszwiebeln unterheben. Den Kürbis mit dem Zwiebelschmand servieren.

Kürbis mit Pilzfüllung

FÜR 2 PORTIONEN
4 Patisson-Kürbisse à 300 g
250 g Brokkoli ohne Strunk
1 Zwiebel
1 Knoblauchzehe
1 EL Olivenöl
500 g Champignons
1 Möhre
1 EL Mehl
200 g Sahne
1 EL Petersilie, gehackt
Salz, Pfeffer
Butter zum Einfetten
8 Scheiben Gouda

1 Die Kürbisse halbieren und mit einem Esslöffel bis auf einen 1 cm breiten Rand aushöhlen. 1 l Wasser aufkochen, die Kürbishälften darin 2 Minuten blanchieren, abgießen und abtropfen lassen. Den Brokkoli putzen, ebenfalls kurz in kochendem Wasser blanchieren, abgießen, abtropfen lassen und zerteilen.

2 Die Zwiebel und den Knoblauch abziehen, fein hacken und zuerst die Zwiebel, dann den Knoblauch im heißen Öl andünsten. Die Pilze waschen, trocknen, putzen, in Scheiben schneiden und zufügen. Die Möhre putzen, in feine Stifte schneiden und zusammen mit dem Brokkoli untermischen. Das Mehl darüber stäuben, Sahne und Petersilie unterrühren und alles mit Salz und Pfeffer abschmecken.

3 Eine feuerfeste Form mit Butter einfetten. Den Backofen auf 180 °C (Gas Stufe 2–3) vorheizen. Die Kürbishälften mit dem Pilzgemüse füllen, in die Form setzen und je 1 Käsescheibe darauf legen. Das restliche Gemüse in der Form verteilen und die Kürbisse im Ofen 45 Minuten garen.

Süßer Kürbis-Birnen-Auflauf

FÜR 6-8 PORTIONEN
800 g Kürbis, geputzt
6 reife Birnen
10 Eier
1 Päckchen
Vanillepuddingpulver
1 EL Mehl
250 g Zucker
1/2 l Milch
Butter zum Einfetten
Zwieback
125 g Butter
1/2 TL Zimt

1 Den Kürbis würfeln, in kochendem Wasser in etwa 25 Minuten weich kochen, abgießen und in einem Sieb gut abtropfen lassen. Die Birnen vierteln, schälen, entkernen und in Scheiben schneiden. Eier, Puddingpulver, Mehl, 200 g Zucker und die Milch mit dem Handrührgerät gründlich verrühren und mit dem Kürbis vermischen.

2 Den Backofen auf 180 °C (Gas Stufe 2–3) vorheizen. Eine große feuerfeste Form mit Butter einfetten und mit der Hälfte der Birnenscheiben auslegen. Soviel Zwieback darauf legen, dass die Birnen davon bedeckt sind, und die restlichen Birnenscheiben darauf verteilen. Die Kürbismischung einfüllen und glatt streichen. Die Butter in Flöckchen darauf verteilen. Den restlichen Zucker mit dem Zimt mischen und darüber streuen. Den Auflauf im Ofen 70 Minuten backen.

Gebackener Kürbis in Paprikasauce

FÜR 4 PORTIONEN

1 Zwiebel
1 Knoblauchzehe
1 rote Paprikaschote
1 EL Butter
4 cl Noilly Prat (Wermut)
4 EL trockener Weißwein
125 g Sahne
125 ml Gemüsebrühe
1 TL Zitronensaft
1 TL Thymian, getrocknet
Salz, Pfeffer
400 g Muskatkürbis, geputzt
300 g Kartoffeln
1 Ei
Öl zum Backen
Mehl zum Wenden
Kürbiskernöl

1 Zwiebel und Knoblauch abziehen und fein hacken. Paprikaschote waschen, trocknen, putzen und klein würfeln. Zwiebel in Butter glasig dünsten. Knoblauch und Paprikawürfel zugeben, kurz mitschmoren und Noilly Prat und Wein zugießen. Sahne, Brühe, Zitronensaft und Thymian unterrühren und alles 5 Minuten bei starker Hitze offen einkochen lassen. Sauce mit Salz und Pfeffer abschmecken, pürieren und warmstellen.

3 Die Kartoffeln schälen, waschen und auf der Gemüsereibe grob reiben. Den Kürbis in 1 cm dicke Scheiben schneiden. Das Ei verquirlen. Eine große Pfanne etwa 1 cm hoch mit Öl bedecken und das Öl langsam erhitzen. Die Kartoffelraspel gut ausdrücken. Die Kürbisscheiben salzen und zuerst in Mehl, dann im Ei und zuletzt in den Kartoffelraspeln wenden.

4 Die Kürbisscheiben im heißen Öl bei mittlerer Hitze von beiden Seiten in einigen Minuten goldgelb backen, herausnehmen und auf Küchenpapier abtropfen lassen. Die Sauce auf Teller verteilen, mit einigen Tropfen Kürbiskernöl beträufeln und mit den gebackenen Kürbisscheiben servieren.

Kürbisgnocchi mit Salbeibutter

FÜR 4 PORTIONEN

750 g Kürbis, geputzt
300 g Weizenmehl (Type 1050)
1 Ei
1 Prise Muskatnuss
1/2 TL Salz
Pfeffer
100 g Schalotten
100 g Butter
3 Salbeizweige

1 Backofen auf 200 °C (Gas Stufe 3–4) vorheizen. Kürbis in Würfel schneiden und in einer feuerfesten Form im Ofen in 45 Minuten weich dünsten.

2 Kürbis herausnehmen, mit dem Pürierstab pürieren und abkühlen lassen. Mehl, Ei, Muskatnuss, Salz und Pfeffer zufügen und alles zu einem glatten Teig verarbeiten. Den Teig 30 Minuten ruhen lassen.

3 Reichlich Salzwasser zum Kochen bringen. Vom Teig mit zwei Teelöffeln Gnocchi abstechen. Die Gnocchi im siedenden Wasser garen, bis sie an die Oberfläche steigen, mit der Schaumkelle herausnehmen, abtropfen lassen und in einer vorgewärmten Schüssel warm stellen.

4 Schalotten abziehen und fein würfeln. Butter erhitzen und die Schalotten darin glasig dünsten. Salbei trocken abreiben. Blätter von den Stielen zupfen und 1 Minute in der Butter ziehen lassen. Die Gnocchi mit der Salbeibutter servieren.

Kürbisgnocchi mit Butter

FÜR 2–3 PORTIONEN
500 g Kürbis, geputzt
250 g Mehl (Type 405)
1 Ei
3 EL Öl
Salz
80 g Butter

1 Den Backofen auf 180 °C (Gas Stufe 2–3) vorheizen. Den Kürbis auf ein Backblech legen, im Ofen in etwa 1 Stunde weich dünsten, herausnehmen und mit dem Pürierstab pürieren. Das Mehl sieben und mit Kürbispüree, Ei, Öl und 1/2 TL Salz zu einem festen Teig verarbeiten. Den Teig 30 Minuten ruhen lassen.

2 Reichlich Salzwasser zum Kochen bringen. Aus dem Teig mit zwei Teelöffeln Gnocchi abstechen und die Gnocchi im siedenden Wasser garen, bis sie an die Oberfläche steigen. Die Gnocchi mit einem Schaumlöffel herausnehmen, kalt abschrecken, kurz in heißer Butter schwenken und servieren.

Kürbis-Tortellini

FÜR 3–4 PORTIONEN
350 g Kürbis, geputzt
50 g Amaretti
350 g Weizenmehl (Type 405)
150 g Hartweizenmehl
13 Eigelb
1 EL Olivenöl
Salz
1 Msp. Safran
80 g Butter

1 Den Backofen auf 150 °C (Gas Stufe 1) vorheizen. Den Kürbis auf ein Backblech legen, im Ofen in 60 Minuten weich dünsten, herausnehmen und mit den Amaretti pürieren.

2 Das Mehl mischen, sieben und mit 12 Eigelben, dem Öl, 1 EL Wasser, 1/2 TL Salz und Safran zu einem festen Teig verkneten. Den Teig in Frischhaltefolie wickeln und 1 Stunde ruhen lassen.

3 Den Teig etwa 1 mm dünn ausrollen und mit einem Messer in Quadrate von 3 cm Seitenlänge schneiden. In die Mitte der Quadrate je 1 TL Kürbismasse geben und die restliche Teigfläche mit dem übrigen Eigelb bestreichen. Die Quadrate zu einem Dreieck falten und die äußeren Enden fest zusammendrücken.

4 Reichlich Salzwasser zum Kochen bringen und die Tortellini darin 4 Minuten kochen, abtropfen lassen und kurz in heißer Butter schwenken.

Nudeln mit Spinat-Kürbis-Sauce

FÜR 4 PORTIONEN
250 g TK-Blattspinat
oder 750 g frischer Spinat
1 große Zwiebel
750 g Kürbis, geputzt
4 EL Olivenöl
1 TL Kreuzkümmelpulver
1 TL Kurkumapulver
1/2 TL Ingwerpulver
1 TL gekörnte Gemüsebrühe
Salz, Pfeffer
400 g Nudeln
50 g Parmesan, gerieben

1 Den TK-Spinat auftauen lassen bzw. den frischen Spinat waschen, putzen, kurz blanchieren, gut ausdrücken und grob hacken. Die Zwiebel abziehen und würfeln. 500 g Kürbis klein würfeln. Das Öl in einem Topf erhitzen und die Zwiebel- und Kürbiswürfel darin einige Minuten unter Rühren andünsten. 250 ml Wasser zugießen, den Kürbis zugedeckt etwa 15 Minuten garen und mit dem Pürierstab pürieren.

2 Den restlichen Kürbis in etwa 1 cm große Würfel schneiden und mit dem Spinat zum Kürbispüree geben. Alles mit den Gewürzen, der Gemüsebrühe, Salz und Pfeffer abschmecken und 15 Minuten zugedeckt bei schwacher Hitze garen, bis die Kürbiswürfel weich sind. Inzwischen die Nudeln in reichlich Salzwasser bissfest garen, abgießen und mit der Sauce und dem Parmesan servieren.

Kürbiskernklößchen

FÜR 2–3 PORTIONEN
140 g Mehl (Type 405)
50 g Kürbiskerne, gemahlen
70 g weiche Butter
2 Eier
1/4 TL Salz
Gemüse- oder Fleischbrühe

1 Das Mehl sieben und mit Kürbiskernen, Butter, Eiern und Salz zu einem glatten Teig verarbeiten. Den Teig etwa 30 Minuten ruhen lassen.

2 Reichlich Salzwasser zum Kochen bringen. Von dem Teig mit einem Teelöffel kleine Klößchen abstechen und die Klößchen im siedenden Wasser garen, bis sie an die Oberfläche steigen. Die Klößchen mit einem Schaumlöffel herausnehmen, kurz kalt abschrecken und in einer Gemüse- oder Fleischbrühe servieren.

Kürbisbuchteln

FÜR 4 PORTIONEN
300 g Kartoffeln
Salz
50 ml Milch
30 g Hefe
300 g Mehl (Type 405)
150 g Kürbis, geputzt
1 kleine Zwiebel
1 Bund Schnittlauch
20 g Zucker
20 g weiche Butter
schwarzer Pfeffer
125 g Magerquark
2 Eier
Mehl zum Ausrollen
Butter zum Einfetten

1 Die Kartoffeln mit der Schale in Salzwasser weich garen, pellen und durch die Kartoffelpresse drücken. Die Milch lauwarm erhitzen, die Hefe hineinbröckeln, 150 g Mehl unterrühren und den Vorteig zugedeckt an einem warmen Ort 20 Minuten gehen lassen.

2 Inzwischen den Kürbis in 0,5 cm kleine Würfel schneiden. Die Zwiebel abziehen und fein hacken. Den Schnittlauch waschen, trocknen und in feine Röllchen schneiden.

3 Den Zucker in einer Pfanne unter Rühren goldbraun karamellisieren. Butter, Kürbis und Zwiebeln zugeben, alles salzen und pfeffern und zugedeckt 5 Minuten dünsten. Den Schnittlauch unterrühren.

4 Den Vorteig mit dem restlichen Mehl, Kartoffelmus, Quark, 1 Ei, Salz und Pfeffer zu einem Teig verkneten. Den Teig weitere 20 Minuten gehen lassen, auf einer bemehlten Arbeitsfläche zu einem 45 x 35 cm großen Rechteck ausrollen und mit einem Glas 12 Kreise mit 10 cm Durchmesser daraus ausstechen. Jeweils etwas Kürbisfüllung in die Mitte geben, die Teigränder darüber zusammendrücken.

5 Eine Auflaufform mit Butter einfetten und den Backofen auf 180 °C (Gas Stufe 2–3) vorheizen. Das restliche Ei verquirlen. Die Buchteln mit der glatten Seite nach oben dicht aneinander in die Form setzen, mit dem Ei bestreichen und im Ofen auf der zweiten Einschubleiste von unten 30 Minuten backen.

Kürbisrisotto

FÜR 2 PORTIONEN
2 kleine Zwiebeln
1 Knoblauchzehe
200 g Kürbis, geputzt
1 EL Olivenöl
200 g Risottoreis (Arborio-Reis)
125 ml trockener Weißwein
500 ml Gemüsebrühe
1 Zweig Thymian
60 g kalte Butter in Stücken
1 EL frisch geriebener Parmesan
Salz, weißer Pfeffer
2 EL Kürbiskerne

1 Die Zwiebel und den Knoblauch abziehen. Die Zwiebel fein würfeln, den Knoblauch hacken. Den Kürbis klein würfeln. Das Öl in einem Topf erhitzen und zuerst die Zwiebel, dann den Knoblauch kurz darin dünsten. Den Reis zugeben, unter ständigem Rühren glasig dünsten und mit dem Wein ablöschen. Die Gemüsebrühe darüber gießen, alles einmal umrühren und zugedeckt 10 Minuten garen.

2 Die Kürbiswürfel und den Thymian zugeben und das Risotto zugedeckt bei geringer Hitze fertig garen. Die Butter und den Parmesan unterrühren, alles mit Salz und Pfeffer abschmecken und mit den Kürbiskernen bestreut servieren.

Kürbissoufflé

FÜR 4 PORTIONEN
600 g Kürbis, geputzt
40 g Butter
250 ml Gemüsebrühe
2 Eigelb
4 Eiweiß
Salz, Pfeffer
Butter zum Einfetten
Semmelbrösel für die Form

1 Den Kürbis klein würfeln. Die Butter in einem Topf erhitzen, die Kürbiswürfel kurz darin andünsten, mit Salz und Pfeffer würzen und die Brühe zugießen. Den Kürbis zugedeckt in etwa 20 Minuten weich dünsten und durch ein Sieb passieren. Das Püree etwas einkochen und abkühlen lassen. Die Eigelbe unterrühren. Die Eiweiße steif schlagen und unterheben.

2 Vier ofenfeste Souffléformen mit Butter einfetten, mit Semmelbröseln ausstreuen und die Kürbismasse in den Formen verteilen. Den Backofen auf 200 °C (Gas Stufe 3–4) vorheizen. Die Formen im Wasserbad im Ofen 20 Minuten garen, dabei die Ofentür nicht öffnen.

Kürbisflan

FÜR 4 PORTIONEN
200 g Kürbis, geputzt
3 Eier
50 g Mandeln, gemahlen
50 g Parmesan, frisch gerieben
2 EL Butter
Salz, Pfeffer
frisch geriebene Muskatnuss
Butter zum Einfetten

1 Den Kürbis würfeln, in wenig Wasser zugedeckt in etwa 20 Minuten weich dünsten, pürieren und etwas abkühlen lassen. Die Eier mit dem Parmesan und den Mandeln verrühren und mit dem Kürbispüree und der Butter vermischen. Alles mit Salz, Pfeffer und Muskatnuss abschmecken.

2 Kleine Flanförmchen mit Butter einfetten und die Kürbismasse einfüllen. Den Backofen auf 180 °C (Gas Stufe 2–3) vorheizen und die Flans darin auf der mittleren Schiene im Wasserbad 20 Minuten garen (den Garpunkt überprüfen: Wenn beim Hineinstechen mit einem Messer nichts hängen bleibt, ist der Flan fertig). Den Flan stürzen und zu Tomatensauce servieren.

Kürbispuffer

FÜR 2 PORTIONEN
250 g Kürbis, geputzt
1 mittelgroße Kartoffel
3 Eier
50 g Haselnüsse, gemahlen
50 g Dinkelmehl
1 EL gemischte Kräuter
Kräutersalz
Pfeffer
1 Msp. Muskatnuss
1 Prise Koriander
Öl zum Backen

1 Den Kürbis auf der Gemüsereibe fein raspeln, die Kartoffel schälen, waschen und ebenfalls raspeln. Beides in einer Schüssel mit den Eiern, den Nüssen, dem Mehl und den Kräutern gründlich verrühren und mit den Gewürzen abschmecken.

2 Etwas Öl in einer Pfanne erhitzen. Mit etwas Abstand jeweils einen Esslöffel Kürbisteig in die Pfanne geben, etwas flach drücken und den Puffer goldgelb braten. Die Puffer wenden, die Oberseite ebenfalls goldgelb backen, herausnehmen und kurz auf Küchenpapier legen. Zu Apfelmus oder Tzatziki servieren.

Indonesisches Kürbisgemüse

FÜR 4 PORTIONEN
1 Spaghettikürbis
Salz
1 reife Mango
1 große Zwiebel
40 g Butter
100 g Haselnüsse, gemahlen
250 ml Gemüsebrühe
6 EL trockener Weißwein
120 g Sahne
abgeriebene Schale und Saft von 1/2 unbehandelten Zitrone
je 1 TL Muskatblüte, Piment, Kardamom-, Kurkuma- und Ingwerpulver
1/8 TL frisch gemahlener Pfeffer
1 TL Kräutersalz

1 Den Kürbis in Salzwasser in etwa 30 Minuten weich garen (mit einem Löffel auf die Schale drücken; gibt sie nach, ist der Kürbis gar). Den Kürbis herausnehmen und abtropfen lassen.

2 Inzwischen die Mango schälen. Das Fruchtfleisch vom Stein schneiden und klein würfeln. Die Zwiebel schälen, fein würfeln und in der Hälfte der Butter glasig braten. Die Nüsse mit der restlichen Butter zu den Zwiebeln geben und 2–3 Minuten mitrösten. Brühe, Wein, Sahne, Zitronenschale und -saft und die Mangostückchen unterrühren, die Gewürze zufügen. Die Sauce nochmals erhitzen, aber nicht kochen.

3 Den Kürbis quer halbieren und die Spaghettifasern mit der Gabel vorsichtig herauslösen, sodass nur die äußere Schale übrigbleibt. Die Fasern mit dem Kräutersalz mischen und unter die Sauce heben. Das Gemüse in die Schalenhälften füllen und zu Basmatireis servieren.

Kürbisquiche

FÜR 4 PORTIONEN
100 g Butter
200 g Mehl
Salz
1 dünne Stange Porree
2 Knoblauchzehen
1 Chilischote
750 g Kürbis, geputzt
1 EL Zitronensaft
2 Eier
100 g Sahne
100 g Pecorino, frisch gerieben

1 Die Butter mit dem Mehl, einer kräftigen Prise Salz und 3 EL Wasser zu einem glatten Teig verkneten. Eine Form von 28 cm Durchmesser damit auskleiden und dabei einen Rand von etwa 1 cm hochziehen. Den Teig 1 Stunde kühl stellen.

2 Inzwischen den Porree putzen, waschen und in schmale Ringe schneiden. Den Knoblauch schälen und fein hacken. Die Chilischote waschen, von Stielansätzen, Kernen und Trennwänden befreien und in feine Streifen schneiden. Den Kürbis grob raspeln oder fein würfeln und mit der Chilischote, Knoblauch und Porree vermischen. Mit Zitronensaft und Salz würzen.

3 Den Backofen auf 200 °C (Gas Stufe 3–4) vorheizen. Die Eier mit der Sahne und dem Käse verrühren und mit etwas Salz würzen. Die Kürbismischung auf dem Teig verteilen und die Eier-Sahne-Mischung darüber gießen. Die Quiche im Ofen etwa 45 Minuten backen, bis sie leicht gebräunt ist.

Frittierte Kürbisblüten

Für 4 Portionen
16-20 Kürbisblüten
2 Eier
250 g Mehl
Salz
1/4 l trockener Weißwein
Öl zum Frittieren
Puderzucker zum Bestreuen

1 Die Blüten vorsichtig waschen und trockentupfen. Die Eier trennen. Das Mehl, die Eigelbe, 1 Prise Salz und den Wein zu einem festen Teig verrühren. Die Eiweiße steif schlagen und unterheben. Den Teig 30 Minuten ruhen lassen.

2 Reichlich Öl auf etwa 180 °C erhitzen. Die Blüten nacheinander durch den Teig ziehen, abtropfen lassen und im heißen Öl goldgelb frittieren. Die Blüten herausnehmen, auf einem Küchentuch abtropfen lassen und mit Puderzucker bestreut zu Kompott oder Preiselbeeren servieren.

TIPP

Kürbisblüten gibt es von Juni bis Ende September.

Kürbisfrikadellen

Für 4 Portionen
750 g Kürbis, geputzt
Salz
200 g Schafskäse (Feta)
3 EL Kürbiskerne
3 Eier
4 EL Mehl (Type 1050)
1 Knoblauchzehe
1 EL Petersilie, fein gehackt
Pfeffer
Fett für das Blech

1 Den Kürbis auf der Gemüsereibe raspeln, salzen und 30 Minuten ziehen lassen. Den Käse zerdrücken. Die Kürbiskerne hacken.

2 Die Kürbisraspel gut ausdrücken und mit dem Schafskäse, den Eiern, den Kürbiskernen und Mehl vermischen. Den Knoblauch abziehen und dazudrücken, die Petersilie ebenfalls untermischen. Die Mischung mit Salz und Pfeffer würzen.

3 Den Backofen auf 180 °C (Gas Stufe 2–3) vorheizen und ein Backblech einfetten. Aus der Masse Frikadellen formen, die Frikadellen auf das Blech legen und im Ofen 25 Minuten backen.

Überbackene Kürbisschnitzel

FÜR 4 PORTIONEN

700 g Kürbis, geputzt
Salz
Butter für die Form
2 EL Olivenöl
Pfeffer
150 g Champignons
Saft und abgeriebene Schale von 1/2 unbehandelten Zitrone
2 Zwiebeln
1 Knoblauchzehe
1/2 Bund Petersilie
Butter
4–5 EL Bergkäse, gerieben
4–5 EL Semmelbrösel

1 Den Kürbis in Scheiben schneiden, leicht salzen und 30 Minuten ziehen lassen. Den Backofen auf 200 °C (Gas Stufe 3–4) vorheizen. Eine feuerfeste Form mit Butter einfetten. Kürbisscheiben trockentupfen, nebeneinander in die Form legen, mit Öl beträufeln und mit Pfeffer bestreuen. Die Scheiben im Backofen auf der mittleren Schiene 30 Minuten backen.

3 Inzwischen die Pilze waschen, trocknen, putzen, klein hacken und mit dem Zitronensaft vermischen. Zwiebeln und Knoblauch abziehen und fein hacken. Petersilie waschen, trocknen und fein hacken. 1 EL Butter erhitzen und die Zwiebeln darin glasig dünsten, dann den Knoblauch, die Pilze und die Petersilie kurz mitdünsten. Alles salzen und pfeffern und mit Zitronenschale abschmecken.

4 Den Backofen auf 220 °C (Gas Stufe 4–5) hochschalten. Die Pilz-Zwiebel-Masse auf den Kürbisscheiben verteilen. Den geriebenen Käse und die Semmelbrösel vermischen und auf die Pilz-Zwiebel-Masse geben. Auf jede Kürbisscheibe ein kleines Stück Butter setzen und die Kürbisschnitzel im Ofen goldgelb backen.

Weiße Bohnen mit Kürbis

FÜR 4 PORTIONEN

200 g getrocknete weiße Bohnen
1 Zwiebel
400 g Kürbis
4 Tomaten
1 Dose Maiskörner
2 EL Sonnenblumenöl
Salz
Pfeffer
1 TL Oregano, getrocknet
1 TL Paprikapulver edelsüß

1 Die Bohnen über Nacht in kaltem Wasser einweichen, abgießen und mit frischem Wasser bedeckt bei mittlerer Hitze zugedeckt in etwa 2 Stunden weich kochen, dabei nach Bedarf noch etwas Wasser nachgießen, sodass die Bohnen immer knapp bedeckt sind.

2 Die Zwiebel abziehen und fein würfeln. Den Kürbis schälen, Kerne und Fasern entfernen und das Fruchtfleisch in etwa 1 cm große Würfel schneiden. Die Tomaten mit kochendem Wasser überbrühen, abziehen, entkernen und das Fruchtfleisch grob hacken. Den Mais abtropfen lassen.

3 Das Öl erhitzen und die Zwiebelwürfel darin glasig braten. Kürbiswürfel, Tomaten, Salz, Pfeffer, Oregano und das Paprikapulver zufügen. Alles unter Rühren bei mittlerer Hitze einige Minuten braten. Die Bohnen zusammen mit 300 ml Kochwasser und dem Mais zufügen. Das Gemüse unter ständigem Rühren 5 Minuten bei geringer Hitze kochen.

Kürbis-Käse-Toast

FÜR 5 PORTIONEN
4 Eier
400 g Kürbis, geputzt
200 g geriebener Käse
Salz, Pfeffer
10 Scheiben Kürbiskernbrot
Paprikapulver edelsüß
2 Tomaten
Petersilie

1 Die Eier verquirlen. Den Kürbis auf der Gemüsereibe grob raspeln. Kürbisraspel und Käse mit den Eiern vermischen, salzen und pfeffern. Den Backofen auf 200 °C (Gas Stufe 3–4) vorheizen.

2 Die Brotscheiben etwa 1 cm dick mit der Kürbismasse bestreichen, mit etwas Paprikapulver bestreuen, auf ein Backblech legen und im Ofen gut 20 Minuten backen. Tomaten und Petersilie waschen und trocknen. Die Tomaten vierteln, die Petersilie fein hacken. Die Brote mit Petersilie bestreuen und mit Tomaten garnieren.

Kürbis-Spieße

FÜR 4 PORTIONEN
500 g kleine Kartoffeln, fest kochend
Salz
350 g Kürbis, geputzt
1 rote Paprikaschote
2 Zwiebeln
2 Knoblauchzehen
1 Chilischote
250 ml Sonnenblumenöl

1 Die Kartoffeln in Salzwasser in etwa 20 Minuten bissfest garen, abgießen, noch heiß pellen und abkühlen lassen. Inzwischen den Kürbis würfeln. Die Paprikaschote waschen und entkernen und das Fruchtfleisch in mundgerechte Stücke schneiden. Die Zwiebeln abziehen und vierteln.

2 Den Knoblauch abziehen, die Chilischote halbieren und entkernen. Beides fein hacken und mit dem Öl verrühren. Kartoffeln, Gemüse und Zwiebeln vermischen, mit der Knoblauch-Chili-Marinade übergießen und 1 Stunde bei Zimmertemperatur ziehen lassen.

3 Den Grill vorheizen. Kartoffeln, Gemüse und Zwiebeln gut abtropfen lassen und abwechselnd auf Spieße stecken. Die Spieße salzen und zugedeckt auf dem Grill unter häufigem Wenden bei mittlerer Hitze 10–12 Minuten braten.

Kürbis-Möhren-Waffeln

FÜR 2 PORTIONEN
100 g Mehl (Type 1050)
150 ml Milch
je 1 Prise Salz, Muskatnuss, Korianderpulver
1 kleine Zwiebel
100 g Möhren
250 g Kürbis, geputzt
1 Ei
2 EL Erdnussmus
Öl zum Einfetten

1 Das Mehl mit Milch, Salz, Muskatnuss und Koriander zu einem glatten Teig verrühren und 30 Minuten ruhen lassen. Inzwischen die Zwiebel abziehen und sehr fein würfeln, die Möhren putzen und fein raspeln, den Kürbis ebenfalls raspeln. Alles zusammen mit dem Erdnussmus und dem Ei unter den Teig mischen.

2 Das Waffeleisen erhitzen und mit etwas Öl einfetten. Den Teig portionsweise auf dem Waffeleisen verteilen und die Waffeln bei milder Hitze backen.

Kürbis-Tomaten-Sauce

FÜR 6 PORTIONEN
300 g Kürbis, geputzt
800 g reife Flaschentomaten
2 Zwiebeln
3 EL Olivenöl
Zucker
Salz, Pfeffer
1 Bund Schnittlauch

1 Den Kürbis auf der Gemüsereibe grob raspeln. Die Tomaten mit kochendem Wasser überbrühen, häuten und mit den Kernen würfeln. Die Zwiebeln abziehen und fein hacken.

2 Das Öl in einem Topf erhitzen und die Zwiebeln darin glasig dünsten. Den Kürbis zugeben und unter Rühren kurz anschmoren. Die Tomaten zufügen und alles bei mittlerer Hitze 10 Minuten kochen. Die Sauce mit Zucker, Salz und Pfeffer kräftig abschmecken. Den Schnittlauch waschen, trocknen, in feine Röllchen schneiden und über die Sauce streuen.

Kürbisgemüse in Dillsauce

FÜR 4 PORTIONEN

750 g Kürbis, geputzt
2 EL Öl
Salz
1 Prise Zucker
1/4 l Gemüsebrühe
1 Bund Dill
250 g saure Sahne
frisch gemahlener Pfeffer

1 Den Kürbis in Würfel schneiden. Das Öl in einem Topf erhitzen, den Kürbis kurz anschmoren, mit Salz und Zucker würzen und die Brühe angießen. Das Gemüse auf kleiner Flamme zugedeckt 20 Minuten kochen.

2 Den Dill waschen, trocknen, fein hacken und zusammen mit der sauren Sahne unter den Kürbis rühren. Das Gemüse mit Salz und Pfeffer abschmecken.

Gemischte Kürbispfanne

FÜR 2 PORTIONEN

300 g Hokkaido-Kürbis, geputzt
1 grüne Paprikaschote
2 Möhren
1 kleine Stange Porree
1/4 Sellerieknolle mit Grün
2 Zwiebeln
3 EL Öl
2 EL Weißwein
1 TL gekörnte Gemüsebrühe
2 Tomaten
1/2 Zweig Rosmarin
1 TL Steinpilzbrühe (Reformhaus)
2 EL Butter
2 EL Kräuter nach Geschmack
Salz, Pfeffer

1 Den Kürbis in kleine Würfel schneiden. Das restliche Gemüse putzen und waschen. Die Paprikaschote in schmale Streifen schneiden. Die Möhren in dünne Scheiben hobeln. Den Sellerie grob raspeln, das Selleriegrün fein hacken. Die Zwiebel abziehen, klein hacken und im heißen Öl glasig dünsten. Kürbis, restliches Gemüse, Wein, 200 ml Wasser und Gemüsebrühe zugeben und alles zugedeckt bei schwacher Hitze in gut 10 Minuten bissfest garen.

2 Die Tomaten überbrühen, häuten und klein würfeln. Zusammen mit der Steinpilzbrühe, dem Selleriegrün, Butter und Kräutern zum Kürbis geben und alles zusammen weitere 5 Minuten garen. Das Gemüse mit Salz und Pfeffer abschmecken.

Kürbisduchesses

FÜR 10 PORTIONEN
500 g Kürbis, geputzt
1 kg Kartoffeln, mehlig kochend
Salz
100 g Butter
4 Eigelb
Pfeffer
frisch geriebene Muskatnuss

1 Den Kürbis in Würfel schneiden. Die Kartoffeln schälen, waschen und je nach Größe halbieren oder vierteln. Beides getrennt in wenig Salzwasser weich kochen, abgießen, ausdampfen lassen und sofort durch die Kartoffelpresse drücken.

2 Kürbis- und Kartoffelpüree in einer Schüssel gründlich vermischen. Die Butter schmelzen, etwas abkühlen lassen und 3/4 der Butter und die Eigelbe unter das Püree rühren. Das Püree mit Salz, Pfeffer und Muskatnuss würzen und 20 Minuten kalt stellen.

3 Den Backofen auf 220 °C (Gas Stufe 4–5) vorheizen. Ein Blech mit Backpapier auslegen. Das Kürbispüree in einen Spritzbeutel mit Zackentülle füllen und kleine Häufchen auf das Blech spritzen. Die Duchesses mit der restlichen Butter bestreichen, mit Pfeffer bestreuen und im Ofen auf der zweiten Schiene von unten 10–12 Minuten überbacken.

Kürbisrösti

FÜR 2 PORTIONEN
200 g Kürbis, geputzt
300 g Kartoffeln, mehlig kochend
1 Zwiebel
Salz, Pfeffer
1 Zweig Thymian
4-6 EL Butterschmalz

1 Den Kürbis auf der Gemüsereibe raspeln. Die Kartoffeln schälen, waschen und ebenfalls raspeln. Die Zwiebel abziehen und in sehr feine Scheiben schneiden. Alles gut vermischen und mit Salz und Pfeffer abschmecken. Die Thymianblättchen abzupfen und unterrühren.

2 In einer kleinen gusseisernen Pfanne die Hälfte des Butterschmalzes erhitzen. Die Kartoffel-Kürbis-Mischung hineingeben, mit einem Löffel etwas flach drücken und bei kleiner Hitze 10 Minuten braten. Das Rösti auf einen Teller stürzen. Das restliche Butterschmalz in der Pfanne erhitzen, das Rösti vom Teller in die Pfanne gleiten lassen und in weiteren 10 Minuten fertig backen.

Kürbis-Orangen-Risotto

FÜR 2 PORTIONEN
1 kleine Schalotte
2 EL Butter
150 g Kürbis, geputzt
150 g Arborio-Reis
3 EL trockner Weißwein
Saft von 1 Orange
1 TL abgeriebene unbehandelte Orangenschale
400 ml Gemüsebrühe (evtl. etwas mehr)
2 EL Crème fraîche
Salz
Pfeffer

1 Die Schalotte abziehen und fein hacken, den Kürbis in etwa 2 cm große Würfel schneiden. Die Butter in einem Topf erhitzen und die Schalotte darin bei mittlerer Hitze glasig dünsten. Den Kürbis zugeben und kurz mitgaren. Den Reis zufügen und unter Rühren dünsten, bis er glasig ist.

2 Den Wein und Orangensaft zugießen und vollständig einkochen lassen. Die Orangenschale unterrühren und nach und nach immer so viel Brühe zufügen, dass der Reis knapp mit Flüssigkeit bedeckt ist.

3 Das Risotto unter häufigem Rühren bei mittlerer Hitze offen in 15 bis 20 Minuten bissfest kochen. Die Crème fraîche unterrühren, mit Salz und Pfeffer abschmecken und sofort als Beilage zu gebratenem Puten-, Schweine- oder Kalbschnitzel servieren.

Kürbis-Möhren-Quiche

FÜR 4 PORTIONEN
400 g Kartoffeln, mehlig kochend
3 EL Butter
150 g Weizenmehl (Type 1050)
1 Ei
Salz
weißer Pfeffer
Muskatnuss, frisch gerieben
Butter zum Einfetten
300 g Kürbis, geputzt
300 g Möhren
100 ml Gemüsebrühe
1 Prise Zucker
1 Prise Ingwerpulver
1 Prise Koriander
100 g Edamer, gerieben
2 EL Pinienkerne

1 Die Kartoffeln waschen, zugedeckt bei mittlerer Hitze in Salzwasser weich garen, abgießen, ausdampfen lassen, pellen, durch die Kartoffelpresse drücken und etwas abkühlen lassen. Das Püree mit 2 EL Butter, dem Mehl und dem Ei verkneten und den Teig mit Salz, Pfeffer und Muskatnuss abschmecken.

2 Eine Springform von 28 cm Durchmesser mit Butter einfetten und mit dem Kartoffelteig auslegen, dabei einen etwa 1 cm breiten Rand hochziehen. Den Kürbis grob würfeln, die Möhren waschen, schälen und in dünne Scheiben schneiden. Kürbis und Möhren in der Brühe weich dünsten, mit der restlichen Butter pürieren und mit Zucker, Ingwer, Koriander, Salz und Pfeffer abschmecken. Den Backofen auf 200 °C (Gas Stufe 3-4) vorheizen.

3 Die Kürbis-Möhren-Mischung auf dem Kartoffelteig verteilen und den Käse und die Pinienkerne darüber streuen. Die Quiche im Ofen auf der zweiten Schiene von unten etwa 40 Minuten backen.

Spaghetti mit Kürbis-Maroni-Sauce

FÜR 4 PORTIONEN

500 g frische Maroni (Esskastanien)
1,5 l Gemüsebrühe (Instant)
1 mittelgroße Zwiebel
1 Knoblauchzehe
600 g Kürbis, geputzt
1 EL Olivenöl
4 EL Sultaninen
1 TL Currypulver
1 Prise Muskatnuss
1 Prise Kurkumapulver
1 Prise Paprikapulver
3 EL trockener Weißwein
Salz
400 g Spaghetti

1 Die Maroni in kochendem Wasser etwa 4 Minuten blanchieren, abgießen, noch heiß schälen und die Häutchen mit einem spitzen scharfen Messer entfernen. Die geschälten Maroni in der Gemüsebrühe 15 bis 20 Minuten garen und herausheben. Von der Brühe 200 ml abmessen und beiseite stellen.

2 Inzwischen die Zwiebel abziehen und in feine Scheiben schneiden, den Knoblauch ebenfalls abziehen und fein hacken. Den Kürbis in 2 cm große Würfel schneiden. Das Öl in einem Topf erhitzen, Zwiebeln und Knoblauch darin unter Rühren goldgelb andünsten.

3 Kürbis, Maroni und Sultaninen zufügen und kurz mitdünsten. Die Gewürze darüber streuen. Den Wein und die abgemessene Gemüsebrühe darüber gießen und alles bei schwacher Hitze so lange kochen, bis der Kürbis weich ist. Die Sauce mit Salz abschmecken.

4 Während der Kürbis gart, die Nudeln in reichlich Salzwasser in etwa 8 Minuten bissfest kochen, abgießen, mit der Kürbis-Maroni-Sauce vermengen und sofort servieren. Eventuell noch mit geriebenem Käse bestreuen.

Mit Fleisch und Fisch

Kürbis-Schinken-Gratin

FÜR 4 PORTIONEN

750 g Kürbis, geputzt
4 Tomaten
1 Zwiebel
1 Knoblauchzehe
250 g gekochter Schinken
1 EL Öl
Salz, Pfeffer
1-2 EL Basilikum, gehackt
Öl zum Einfetten
150 geriebener Käse

1 Den Kürbis in kleine Würfel schneiden. Die Tomaten mit kochendem Wasser überbrühen, häuten, entkernen und das Fruchtfleisch ebenfalls klein würfeln. Die Zwiebel und den Knoblauch abziehen und fein hacken. Den Schinken ebenfalls würfeln. Das Öl in einem Topf erhitzen und die Zwiebel darin glasig dünsten. Den Knoblauch zufügen und die Kürbis-, Tomaten- und Schinkenwürfel untermischen.

2 Den Backofen auf 180 °C (Gas Stufe 2–3) vorheizen. Eine kleine Auflaufform einfetten. Das Kürbisgemüse mit Salz und Pfeffer würzen, das Basilikum unterrühren und die Mischung in die Auflaufform füllen. Den Käse darüber streuen und das Gratin 30 Minuten im Ofen backen.

Kürbis-Huhn-Gratin

FÜR 4 PORTIONEN

750 g Kürbis, geputzt
3 EL Butter
125 ml trockener Weißwein
1 Bund Frühlingszwiebeln
2 Hühnerbrüstchen
Salz, Pfeffer
1 TL Thymian
Öl zum Einfetten
200 g Crème fraîche
3 Eier
3 EL Parmesan oder
Emmentaler, frisch gerieben

1 Den Kürbis klein würfeln und in 1 Esslöffel Butter anbraten. Den Wein zufügen und den Kürbis zugedeckt 10 Minuten garen. Die Frühlingszwiebeln waschen, putzen, in schmale Ringe schneiden, zufügen und 2 Minuten mitgaren.

2 Die Hühnerbrüste waschen, trockentupfen, in Streifen schneiden und in der restlichen Butter von allen Seiten goldbraun anbraten. Das Fleisch mit Salz, Pfeffer und Thymian würzen, mit dem Kürbis vermischen und in der Form verteilen.

3 Den Backofen auf 180 °C (Gas Stufe 2–3) vorheizen. Eine kleine Auflaufform einfetten. Die Crème fraîche mit den Eiern und dem geriebenen Käse verrühren und über dem Gratin verteilen. Das Gratin im Ofen 30 Minuten überbacken.

Kürbis-Lammgulasch mit Quitten

FÜR 4 PORTIONEN
750 g Lammkeule ohne Knochen
2 große Zwiebeln grob gewürfelt
1 große Quitte, geschält, grob gewürfelt
250 g Kürbis, geputzt, grob gewürfelt
4 EL Öl
Salz, Pfeffer
2 Gewürznelken
1 TL Essig
1/2 TL Zucker
250 ml Fleischbrühe
4 EL Crème fraîche

1 Das Fleisch waschen, trocknen und in mundgerechte Würfel schneiden. Die Zwiebel abziehen und hacken. Die Quitte schälen, entkernen und in Würfel schneiden. Den Kürbis ebenfalls würfeln.

2 Das Öl in einem Schmortopf erhitzen und darin zuerst die Zwiebeln, dann das Fleisch kräftig von allen Seiten anbraten. Das Gulasch salzen und pfeffern und Gewürznelken, Quitten- und Kürbiswürfel zugeben. Essig und Zucker unterrühren, die Brühe angießen und alles zugedeckt 50 Minuten schmoren. Die Nelken entfernen, die Crème fraîche unterrühren und nochmals kurz erhitzen.

Curry-Kürbis-Geschnetzeltes

FÜR 4 PORTIONEN
200 g Langkornreis
Salz
600 g Hähnchenfilet
3 EL Öl
weißer Pfeffer
2 Stangen Porree
300 g Kürbis, geputzt
2 TL Currypulver
500 ml Gemüsebrühe
150 g saure Sahne
2 TL Speisestärke

1 Den Reis in Salzwasser nach Packungsvorschrift garen. Inzwischen das Fleisch waschen, trockentupfen und in Streifen schneiden. Das Öl erhitzen und das Fleisch darin rundherum goldbraun braten, mit Salz und Pfeffer würzen und herausnehmen.

2 Den Porree putzen, waschen und in Ringe schneiden. Den Kürbis in kleine Würfel schneiden und im Bratfett 5 Minuten andünsten. Den Porree zufügen, das Currypulver darüber stäuben, die Brühe zugießen und das Gemüse weitere 5 Minuten garen. Die saure Sahne mit der Speisestärke verrühren und das Gemüse damit binden. Das Fleisch zufügen, kurz erwärmen und alles mit Salz und Pfeffer abschmecken. Den Reis unterheben.

Pikante Kürbistorte

FÜR 4 PORTIONEN

500 g Kürbis, geputzt
125 g Mehl
Salz
50 ml Milch
2 Eier
1 Eigelb
25 g flüssige Butter
Butter zum Backen und Einfetten
2 Knoblauchzehen
250 g TK-Blattspinat
2 EL Olivenöl
250 g Rinderhackfleisch
1 kleine Dose geschälte Tomaten
Pfeffer
1 TL Currypulver
9 dünne Scheiben Fontina-Käse oder Raclettekäse
100 g Sahne

1 Für die Omeletts 300 g Kürbis würfeln und mit wenig Wasser zugedeckt in etwa 20 Minuten sehr weich kochen. Mit dem Stabmixer pürieren, abkühlen lassen und 250 g Püree abwiegen. Das Mehl in einer Schüssel mit 1/2 TL Salz mischen. Kürbispüree, Milch, Eier, Eigelb und die flüssige Butter zufügen und alles zu einem glatten Teig verrühren. In einer beschichteten Pfanne mit etwa 26 cm Durchmesser etwas Butter erhitzen und aus dem Teig nacheinander 6 bis 7 nicht zu dünne Omelettes backen.

2 Für die Füllung den Knoblauch abziehen und fein hacken. Den restlichen Kürbis klein würfeln. Den Spinat auftauen lassen. Das Öl erhitzen und das Hackfleisch darin kräftig von allen Seiten anbraten. Knoblauch und Kürbiswürfel zugeben und kurz mitschmoren. Die Tomaten zufügen. Alles bei mittlerer Hitze 20–25 Minuten zugedeckt etwas einkochen lassen und mit Salz, Pfeffer und Currypulver würzen.

3 Den Spinat mit Salz und Pfeffer würzen. Eine Springform von 26 cm Durchmesser mit Butter einfetten. Ein Omelett hineingeben und etwas Kürbis-Hackfleisch-Mischung darauf verteilen. Ein weiteres Omelett auflegen, etwas Spinat darauf verteilen, mit 3 Scheiben Käse belegen und ein weiteres Omelett darüber legen. Auf die gleiche Weise alle Zutaten einfüllen und mit einer Käseschicht abschließen.

4 Den Backofen auf 180 °C (Gas Stufe 2–3) vorheizen. Die Sahne über die Kürbistorte träufeln und die Torte im Ofen auf der untersten Schiene etwa 30 Minuten backen.

Kürbisgulasch

FÜR 6 PORTIONEN
650 g Schweineschulter
1 große Zwiebel
1 Tomate
2 EL Öl
1 EL Paprikapulver edelsüß
2 EL Essig
1 EL Tomatenmark
Salz, Pfeffer
1/2 TL Kümmel
ca. 350 ml Brühe (Instant)
700 g Kürbis, geputzt
250 g saure Sahne
1 EL Mehl

1 Das Fleisch waschen, trockentupfen und in mundgerechte Stücke schneiden. Die Zwiebel abziehen und fein würfeln. Die Tomate waschen und ebenfalls klein würfeln. In einem Topf das Öl erhitzen und die Zwiebel darin anbraten.

2 Das Fleisch zugeben und ebenfalls anrösten, bis es leicht Farbe annimmt. Jeweils die Hälfte des Paprikapulvers und Essigs sowie Tomate und Tomatenmark zufügen. Alles mit Salz, Pfeffer und Kümmel würzen, 150 ml Brühe aufgießen und das Gulasch zugedeckt etwa 25 Minuten dünsten, dabei nach Bedarf noch etwas Brühe zugießen.

3 Inzwischen den Kürbis raspeln, zum Fleisch geben, das restliche Paprikapulver und den restlichen Essig zufügen, mit Brühe aufgießen und alles weich dünsten. Die saure Sahne mit dem Mehl verrühren, unter Rühren zum Gulasch geben und 1 Minute weiterkochen. Nochmals mit Salz und Pfeffer abschmecken.

Orientalischer Kürbistopf

FÜR 4 PORTIONEN
4 Scheiben Toastbrot
400 g Lammhackfleisch
2 Eier
Salz
1 EL Paprikapulver edelsüß
3 Knoblauchzehen
200 g Basmatireis
1 Safran-Briefchen
500 g Kürbis, geputzt
250 g hellgrüne Carli-Paprika
3 cm Ingwerwurzel
8 EL Öl
1 TL Zucker
1/2 TL Sambal Oelek
2 EL frisches Koriandergrün, fein gehackt

1 Toastbrot in Wasser einweichen, ausdrücken und mit Hackfleisch, Eiern, Salz und Paprikapulver vermischen. Eine Knoblauchzehe zum Hackfleisch pressen, gründlich verkneten und Teig in 12 ovale Bällchen formen.

2 Reis mit 500 ml Wasser, Salz und Safran nach Packungsanweisung garen und zugedeckt ausquellen lassen. Den Kürbis würfeln. Die Paprikaschoten, waschen, trocknen, in Ringen vom Stiel schneiden und entkernen. Restlichen Knoblauch und Ingwer fein hacken.

3 3 EL Öl erhitzen, Knoblauch und Ingwer glasig dünsten, Kürbis zugeben, mit Salz, Zucker und Sambal Oelek würzen, 100 ml Wasser zugeben und zugedeckt 10 Minuten garen. Paprikaringe zufügen und zugedeckt weitere 5 Minuten garen.

4 In einer Pfanne das restliche Öl erhitzen und die Hackbällchen rundherum goldbraun braten. Reis und das Koriandergrün unter das Kürbis-Paprika-Gemüse mischen, 3 Minuten durchziehen lassen und mit den Lammbällchen servieren.

Rinderfilet mit Kürbispüree

FÜR 4 PORTIONEN
600 g Hokkaido-Kürbis, geputzt
1 EL Butter
1/4 l Gemüsebrühe
100 ml Kokosmilch, ungesüßt
150 ml Orangensaft
Salz
weißer Pfeffer
400 g Rinderfilet
je 200 g rote und gelbe Paprikaschoten
2 Frühlingszwiebeln
2 Knoblauchzehen
3 cm Ingwerwurzel
4 EL Sojasauce
1/2 TL rote Currypaste
100 ml Rindfleischbrühe
1 TL Speisestärke
1/2 Bund Koriander
1/2 rote Chilischote
2 EL Öl
1 EL Sesamsamen

1 Den Kürbis in kleine Würfel schneiden. Die Butter in einem Topf zerlassen und den Kürbis darin unter Rühren andünsten. Gemüsebrühe, Kokosmilch und Orangensaft zugießen, salzen und pfeffern und den Kürbis zugedeckt bei geringer Hitze in 20 Minuten weich kochen.

2 Inzwischen das Fleisch waschen, trocknen und in schmale Streifen schneiden. Die Paprikaschoten und Frühlingszwiebeln putzen und waschen. Die Schoten in Würfel, die Frühlingszwiebeln in feine Ringe schneiden. Knoblauch und Ingwer schälen und sehr fein würfeln. Sojasauce, Currypaste, Rinderbrühe und Stärke gründlich vermischen. Den Koriander waschen, trocknen und fein hacken. Die Chilischote klein würfeln.

3 In einem Wok 1 EL Öl erhitzen und Ingwer, Knoblauch und Frühlingszwiebeln darin anbraten. Das Fleisch zugeben, 2 Minuten braten, herausnehmen und salzen und pfeffern. Das restliche Öl in den Wok geben und die Paprikawürfel darin unter Rühren kurz schmoren. Die Soja-Curry-Mischung zufügen und alles 3 Minuten bei mittlerer Hitze garen. Das Fleisch wieder dazugeben und etwa 1 Minute erhitzen. Die Hälfte des Korianders untermischen.

4 Den Kürbis mit dem Kartoffelstampfer pürieren. Den Sesam in einer beschichteten Pfanne unter Rühren kurz rösten. Die Chilischote und den restlichen Koriander zum Püree geben und das Püree mit Salz und Pfeffer abschmecken. Das Kürbispüree mit dem Fleisch und Gemüse auf Tellern anrichten und mit Sesam bestreuen.

Kürbispolenta

FÜR 4 PORTIONEN
200 g gekochter Schinken
350 g Kürbis, geputzt
3 EL Butter
1 1/2 TL Salz
Pfeffer
300 g Maisgrieß

1 Den Schinken klein würfeln. Den Kürbis auf der Gemüsereibe raspeln. 1 EL Butter in einem Topf zerlassen und die Kürbisraspel darin unter Rühren andünsten und mit Salz und Pfeffer würzen.

2 1,5 l Wasser zugießen, den Maisgrieß einrühren und unter ständigem Rühren bei geringer Hitze in etwa 20 Minuten dick einkochen. Den Schinken zufügen und die restliche Butter unterrühren. Alles nochmals mit Salz und Pfeffer würzen.

Kürbis-Apfel-Gemüse

FÜR 4 PORTIONEN
750 g Kürbis, geputzt
4 Zwiebeln
2 Nelken
50 g Butter
1/2 l Fleischbrühe
1/2 Lorbeerblatt
125 g magerer Räucherspeck
2 Äpfel
3 EL saure Sahne
1 EL Petersilie, fein gehackt
Salz, Pfeffer
Zitronensaft

1 Den Kürbis in Würfel schneiden, die Zwiebeln abziehen und eine Zwiebel mit den Nelken spicken. Die Butter erhitzen und den Kürbis darin andünsten. Brühe, Lorbeerblatt und die gespickte Zwiebel zufügen und den Kürbis zugedeckt etwa 15 Minuten bei schwacher Hitze garen.

2 Inzwischen den Räucherspeck fein würfeln, die restlichen Zwiebeln hacken und beides in einer Pfanne glasig braten. Die Äpfel schälen, entkernen und würfeln. Die Apfelstücke zum Kürbis geben und 3 Minuten mitgaren. Den Topf vom Herd nehmen, die Spickzwiebel entfernen und saure Sahne und Petersilie unterrühren. Die Speck-Zwiebel-Mischung zufügen und alles mit Salz, Pfeffer und Zitronensaft abschmecken.

Kürbisgemüse mit Speck

FÜR 4 PORTIONEN
500 g Kürbis, geputzt
Salz
1 EL Essig
1/2 TL Kümmelpulver
80 g fetter Speck
1 Zwiebel
1 TL Mehl
125 g saure Sahne

1 Den Kürbis zuerst in etwa 4 cm dicke Streifen schneiden, dann mit dem Gurkenhobel in dünne Scheiben hobeln. Die Kürbisscheiben mit Essig, 1/2 TL Salz und dem Kümmel mischen und 1 Stunde zugedeckt ziehen lassen.

2 Den Speck in kleine Würfel schneiden, die Zwiebel abziehen und fein hacken. Den Speck in einem Topf auslassen, die Zwiebel zufügen und glasig braten. Den Kürbis mit dem Saft in den Topf geben und 15 Minuten dünsten. Das Mehl darüber streuen und den Kürbis weitere 5 Minuten zugedeckt bei schwacher Hitze garen. Die saure Sahne einrühren und das Gemüse nochmals mit Salz abschmecken. Als Beilage servieren.

Kürbis-Hackfleisch-Ragout

FÜR 4 PORTIONEN
4 Hokkaido-Kürbisse à 500 g
3 Tomaten
150 g Schafskäse (Feta)
1 Zwiebel
1 Knoblauchzehe
80 g Butter
Salz, Pfeffer
Paprikapulver edelsüß
1 EL Tomatenmark
150 ml Weißwein
3 EL Crème fraîche
3 EL Öl
500 g Rinderhackfleisch
1 EL Dill, gehackt

1 Backofen auf 150 °C (Gas Stufe 1) vorheizen. Von den Kürbissen einen Deckel abschneiden und die Kerne entfernen. Das Fruchtfleisch herauslösen und klein würfeln. Die Kürbisse eventuell an der Unterseite begradigen und mit den Deckeln für etwa 15 Minuten in den Ofen stellen.

2 Inzwischen die Tomaten mit kochendem Wasser überbrühen, häuten, vierteln, entkernen. Fruchtfleisch klein würfeln. Schafskäse zerdrücken. Zwiebel und Knoblauch schälen, fein hacken und Zwiebel in Butter hell andünsten. Kürbiswürfel, Salz, Pfeffer, Knoblauch und Tomatenmark zufügen und den Wein zugießen. Alles zugedeckt bei schwacher Hitze 5 Minuten dünsten. Crème fraîche einrühren.

3 Das Öl erhitzen und das Hackfleisch darin braten, mit Salz und Pfeffer würzen und unter das Kürbisgemüse mischen. Schafskäse, Tomaten und Dill untermischen und 5 Minuten ziehen lassen. Das Ragout nochmals mit Salz, Pfeffer und Paprikapulver abschmecken und in den Kürbissen verteilen.

Pfannkuchen mit Kürbis-Füllung

FÜR 4 PORTIONEN

2 Eier
1/4 l Milch
120 g Dinkelmehl
1/2 TL Salz
30 g flüssige Butter
300 g Kürbis, geputzt
150 g Champignons
100 g gekochter Schinken
1 EL Butter
200 g Sojasprossen
2 EL Sojasauce
100 g Crème fraîche
1 EL Petersilie
Kräutersalz
Butterschmalz zum Backen

1 Für die Pfannkuchen die Eier verquirlen. Milch, Mehl, Salz und flüssige Butter zufügen und alles zu einem glatten Teig verrühren. Den Teig 30 Minuten ruhen lassen.

2 Inzwischen den Kürbis klein würfeln, die Champignons waschen, putzen und in Scheiben schneiden. Den Schinken fein würfeln. Die Butter erhitzen und darin zuerst den Schinken, dann Kürbis, Pilze und Sojasprossen andünsten. Die Sojasauce zufügen und alles bei schwacher Hitze zugedeckt bissfest garen. Die Petersilie waschen, trocknen, fein hacken und zusammen mit der Crème fraîche unterrühren.

3 In einer Pfanne etwas Butterschmalz erhitzen und darin aus dem Teig nacheinander dünne Pfannkuchen backen. Die Füllung darauf verteilen, die Pfannkuchen zusammenklappen und sofort servieren.

Kürbis-Bruschetta

FÜR 4 PORTIONEN

400 g Ciabatta-Brot
40 g Kürbiskerne
1 Knoblauchzehe
10 EL Olivenöl
50 g Räucherspeck
1 Zweig Rosmarin
350 g Hokkaido-Kürbis, geputzt
2 EL weißer Balsamicoessig
Salz, Pfeffer
30 g Parmesan, frisch gerieben

1 Den Backofen auf 220 °C (Gas Stufe 4–5) vorheizen. Das Brot in 16 Scheiben schneiden und auf ein Backblech legen. Die Kürbiskerne grob hacken, den Knoblauch abziehen und durchpressen und beides zusammen mit 5 EL Olivenöl mischen. Die Mischung gleichmäßig auf den Brotscheiben verteilen und das Brot im Backofen goldbraun rösten.

2 Inzwischen den Speck fein würfeln. Die Rosmarinnadeln abzupfen und fein hacken. Den Kürbis in 3–4 cm lange Streifen schneiden. Den Speck bei starker Hitze im restlichen Öl kurz anbraten. Den Kürbis zugeben und 2–3 Minuten unter Rühren mitbraten. Den Rosmarin zufügen, mit dem Balsamico ablöschen und alles mit Salz und Pfeffer würzen. Die Brote herausnehmen. Die Mischung auf den Broten verteilen und mit Parmesan bestreut servieren.

Gefüllte Kürbisblüten

FÜR 4 PORTIONEN

200 g Hähnchenbrust oder Kalbfleisch, gehackt
2 Eiweiß
375 g Sahne
1 EL Petersilie, fein gehackt
Salz, weißer Pfeffer
16 Kürbisblüten
300 g Kürbis, geputzt
3 EL Butter
100 ml Hühnerbrühe
Kümmelpulver
1 EL Dill, fein gehackt
2–3 EL Kürbiskerne

TIPP

Anstelle der Kürbisblüten können Sie auch Zucchiniblüten verwenden.

1 Das Fleisch mit Eiweiß, 250 g Sahne und der Petersilie im Mixer zu einer glatten Masse verarbeiten, durch ein Haarsieb streichen und mit Salz und Pfeffer würzen. Die Füllung 30 Minuten kalt stellen.

2 Die Kürbisblüten vorsichtig waschen, trockentupfen und den Stempel mit einer Schere entfernen. Den Backofen auf 180 °C (Gas Stufe 2–3) vorheizen. Die Füllung nochmals durchrühren und in einen Spritzbeutel füllen. Die Blüten zu 3/4 damit füllen, etwas zudrehen, in eine feuerfeste Form legen, mit Alufolie abdecken und im Backofen 20 Minuten garen.

3 Inzwischen den Kürbis in kleine Würfel schneiden und in der Butter andünsten. Die Brühe zugießen, mit Salz, Kümmel und Dill würzen und den Kürbis bei schwacher Hitze in 15 Minuten weich dünsten. Die restliche Sahne zufügen und alles mit dem Stabmixer pürieren.

4 Die Kürbiskerne in eine nicht zu heiße Pfanne geben, mit ganz wenig Wasser beträufeln und leicht salzen. Bei geringer Hitze und unter häufigem Schwenken langsam knusprig rösten, bis die Kerne eine Wölbung bilden. Die Kürbiscreme nochmals abschmecken, mit den Kürbiskernen bestreuen und zu den Kürbisblüten servieren.

TIPP

Wenn Sie die frisch gepflückten Kürbisblüten nicht sofort füllen, sollten Sie die Blüten mit einer kleinen Tüte aus Alufolie vor dem Zuklappen schützen.

Kürbis-Fisch-Lasagne

FÜR 4 PORTIONEN

400 g Kürbis, geputzt
1 Schalotte
8 Lasagneblätter
Salz
300 g Dorschfilet
Pfeffer
2 EL Öl
40 g Butter
1 Hühnerbouillonwürfel
1/4 TL Currypulver
1 Prise Cayennepfeffer
1 EL Mehl
100 ml Milch
1 EL Parmesan, frisch gerieben
Butter zum Einfetten

1 Kürbis würfeln, Schalotte abziehen und fein hacken. Lasagneblätter in kochendem Salzwasser bissfest garen und abtropfen lassen. Dorschfilets waschen, trockentupfen, salzen und pfeffern, im heißen Öl kurz anbraten und herausnehmen.

2 Schalotte in Butter andünsten, Kürbis zufügen und kurz mitbraten. 1 EL Wasser zufügen, Bouillonwürfel zerbröseln und ebenfalls zugeben und den Kürbis zugedeckt in 20 Minuten sehr weich dünsten. Kürbis und Kochflüssigkeit pürieren und das Püree mit Salz, Curry und Cayennepfeffer abschmecken.

3 Für die Bèchamelsauce die restliche Butter zerlassen und das Mehl unter ständigem Rühren zufügen. Die Milch zugießen, aufkochen und den Parmesan unterrühren. Die Sauce mit Salz und Pfeffer abschmecken.

4 Den Backofen auf 200 °C (Gas Stufe 3–4) vorheizen. Eine ofenfeste Form mit Butter einfetten und abwechselnd Lasagneblätter, Kürbispüree, Fisch und Bèchamelsauce einschichten und mit Kürbispüree und Bèchamelsauce abschließen. Die Lasagne im Ofen auf der zweiten Schiene von unten 25 Minuten überbacken.

Lachs mit Kürbiskruste

FÜR 4 PORTIONEN

4 Lachsfilets à 180 g
Saft von 1 Zitrone
Salz, Pfeffer
1 kleine Zwiebel
1 kleine Stange Lauch
2 EL Sonnenblumenöl
200 g Kürbis, geputzt
100 g Crème fraîche
80 g geriebener Käse

1 Die Lachsfilets waschen, trockentupfen, von beiden Seiten mit Zitronensaft einreiben und salzen und pfeffern. Die Zwiebel abziehen und fein hacken, den Lauch waschen, putzen, der Länge nach halbieren und in schmale Ringe schneiden. Zwiebel und Lauch im Öl andünsten.

2 Den Kürbis grob raspeln, zur Lauch-Zwiebel-Mischung geben und alles 5 Minuten bei schwacher Hitze dünsten. Die Pfanne vom Herd nehmen, das Gemüse mit Salz und Pfeffer würzen und Crème fraîche und Käse unterrühren.

3 Den Backofen auf 180 °C (Gas Stufe 2-3) vorheizen. Die Lachsfilets auf ein mit Backpapier ausgelegtes Blech legen, mit der Kürbismasse bestreichen und im Backofen gut 20 Minuten backen.

Ente mit Kürbis-Aprikosen-Sauce

FÜR 2 PORTIONEN

350 g Kürbis, geputzt
350 g Aprikosen
3 EL Zitronensaft
2 Entenbrustfilets à 350 g
Salz
1 EL Senfkörner
1 TL Currypulver
150 ml Geflügelfond (aus dem Glas)
1 Bund Frühlingszwiebeln
70 g getrocknete Tomaten

1 Den Kürbis würfeln. Die Aprikosen vierteln, entsteinen und mit 2 EL Zitronensaft beträufeln. Den Backofen auf 180 °C (Gas Stufe 2-3) vorheizen.

2 Die Brustfilets waschen, trockentupfen und die Haut mit einem scharfen Messer an mehreren Stellen einritzen. Die Filets von beiden Seiten salzen und auf der Hautseite in einer heißen beschichteten Pfanne ohne Fett 3 Minuten anbraten. Das Fleisch wenden, weitere 2 Minuten braten und in eine ofenfeste Form legen. Die Filets auf der zweiten Einschubleiste von unten 20 Minuten garen.

3 Fleisch aus der Form nehmen, warm stellen und die Kürbisstücke im Entenfett anbraten. Kürbis mit Salz, Senfkörnern und Curry würzen. Den Geflügelfond zugießen und den Kürbis zugedeckt 10 Minuten garen.

4 Inzwischen die Frühlingszwiebeln putzen, waschen und in Ringe, die getrockneten Tomaten in feine Streifen schneiden. Beides zusammen mit den Aprikosen unter den Kürbis mischen, alles zugedeckt bei mittlerer Hitze weitere 10 Minuten garen und mit Salz und dem übrigen Zitronensaft abschmecken. Die Sauce zu den Filets servieren.

Kürbis mit Hackfleisch

FÜR 4 PORTIONEN

500 g Kürbis
1 Zwiebel
4 EL Öl
200 g Rinderhackfleisch
3 Eier
1 Prise Zucker
1/2 TL Salz
1 TL Sojasauce
weißer Pfeffer

1 Den Kürbis schälen, Kerne und Fasern entfernen und das Fruchtfleisch in kleine Stücke schneiden. Die Zwiebel schälen und klein würfeln. Das Öl in einer Pfanne erhitzen und die Zwiebel darin bei mittlerer Hitze goldbraun braten. Das Hackfleisch zufügen und kurz anbraten.

2 Die Eier mit einer Gabel verquirlen und unter das Hackfleisch mischen. Den Kürbis zugeben, alles gut vermischen und etwa 5 Minuten unter gelegentlichem Rühren braten. Die Mischung mit Zucker, Salz, und Sojasauce und Pfeffer abschmecken. Zu Reis servieren.

Perlhuhn mit Kürbis

FÜR 2 PORTIONEN

1 Perlhuhn à 1,3 kg, küchenfertig vorbereitet
Salz
Pfeffer
2 Knoblauchzehen
2 EL Sonnenblumenöl
1 Bund Thymian
400 g Kürbis
400 g Kartoffeln, festkochend
1 kleine Chilischote
200 g Zwiebeln
2 cm Ingwerwurzel
15 g Zucker
20 g Butter
3 EL Weißweinessig
350 ml Geflügelfond (aus dem Glas)
30 g eiskalte Butterwürfel

1 Keulen auslösen und in Ober- und Unterkeulen teilen. Brusthälften einschließlich Brustknochen und Flügel vom Rückgrat schneiden und beide Hälften nochmals in drei Stücke teilen. Fleisch waschen, trockentupfen, salzen und pfeffern. Knoblauchzehen abziehen und fein würfeln. Öl in einer Pfanne erhitzen. Die Perlhuhnteile darin von allen Seiten kurz anbraten und den Knoblauch sowie 6 Zweige Thymian zufügen. Die Perlhuhnstücke auf der Hautseite bei schwacher Hitze weitere 5 Minuten braten, herausnehmen und warm stellen.

2 Kürbis schälen, Kerne und Fasern entfernen. Kartoffeln schälen. Chilischote längs halbieren, entkernen und in Streifen schneiden. Kürbis und Kartoffeln in 1/2 cm dicke Scheiben schneiden. Zwiebeln halbieren und in Stifte schneiden. Ingwer schälen und hacken. Zucker in einer Pfanne karamellisieren. Butter, Kürbis, Kartoffeln, Chilischote, Zwiebeln, Ingwer und restlichen Thymian zugeben, salzen, pfeffern und mit Essig ablöschen, den Geflügelfond dazugießen. 30 Minuten halb zugedeckt garen und die kalten Butterwürfel vorsichtig einrühren. Sofort servieren.

Ungarisches Kürbiskraut

FÜR 6 PORTIONEN

900 g Kürbis, geputzt
Salz
40 g Räucherspeck
2 Zwiebeln
40 g Butter
2 Knoblauchzehen
1/2 Bund Dill
1 TL Paprikapulver edelsüß
1 EL Tomatenmark
30 g Mehl
380 g saure Sahne
100-200 ml Fleischbrühe
Zucker
Essig

1 Den Kürbis feinblättrig schneiden, leicht salzen und in einem Sieb einige Minuten ziehen lassen. Den Speck klein würfeln, die Zwiebeln abziehen und ebenfalls klein würfeln und zusammen mit dem Speck in der Butter goldgelb braten. Den Knoblauch abziehen und fein hacken. Den Dill waschen, trocknen und die Blättchen ebenfalls fein hacken.

2 Knoblauch, Paprikapulver und Tomatenmark zu den Zwiebeln geben. Den Kürbis leicht auspressen und ebenfalls zufügen. Den Dill unterrühren, mit etwas Salz würzen und die Brühe zugießen. Alles zugedeckt etwa 20 Minuten dünsten. Das Mehl mit der sauren Sahne verrühren, zum Kürbiskraut geben, kurz aufkochen und das Kraut mit etwas Zucker und Essig abschmecken.

Desserts, Kuchen und Brot

Süßes Kürbisomelett

FÜR 5–6 PORTIONEN

50 g Rosinen
2 EL Rum
30 g Mehl
5 Eier
300 ml Milch
1 Prise Zucker
Salz
Butter zum Einfetten
2 EL Butter
1 Vanillestange
400 g Kürbis, geputzt
100 g Zucker
50 g Walnusskerne
200 g saure Sahne
3 EL Butterflöckchen

1 Rosinen im Rum 30 Minuten marinieren. Inzwischen das Mehl, 2 Eier, 100 ml Milch und je 1 Prise Zucker und Salz zu einem glatten Teig verrühren. Den Teig 20 Minuten ruhen lassen. Eine ofenfeste Form einfetten. Die Butter in einer Pfanne erhitzen. Den Teig darin unter Schwenken verteilen und goldgelb backen. Das Omelett wenden, die zweite Seite ebenfalls goldgelb backen und das Omelett in die Auflaufform legen.

2 Die Vanillestange längs einritzen und das Mark herauskratzen. Den Kürbis auf der Gemüsereibe raspeln, mit 50 g Zucker, den Walnüssen und den Rumrosinen vermischen und auf der einen Hälfte des Omeletts verteilen. Das Omelett zusammenklappen. Den Backofen auf 180 °C (Gas Stufe 2–3) vorheizen.

3 Milch, saure Sahne, den restlichen Zucker, Vanillemark und die übrigen Eier gut verrühren und über dem Omelett verteilen. Die Butterflöckchen darauf geben. Die Form in eine etwas größere, mit siedendem Wasser gefüllte Form stellen und im Wasserbad im Ofen 45 Minuten garen.

Süße Kürbiswaffeln

FÜR 4–5 PORTIONEN

200 g Kürbis, geputzt
200 g Butter
100 g brauner Zucker
1 Päckchen Vanillezucker
3 Eier
75 g Mehl (Type 405)
75 g Speisestärke
2 TL Backpulver
1 Prise Salz
abger. Schale 1/2 unbeh. Zitrone
100 g Mandeln, gemahlen
200 g Sahne, 20 g Zucker
1 Päckchen Sahnesteif
200 g Kürbispüree (s. Seite 100)
1/4 TL Zimtpulver
Öl zum Einfetten

1 Den Kürbis fein würfeln. Die Butter mit dem Handrührgerät schaumig rühren, dabei nach und nach den Zucker und den Vanillezucker zufügen. Die Eier nacheinander unterrühren. Mehl, Speisestärke, Backpulver und Salz mischen, sieben und unterrühren. Kürbiswürfel, Zitronenschale und Mandeln ebenfalls kurz untermischen.

2 Die Sahne mit Zucker und Sahnesteif steif schlagen. Das Kürbispüree und den Zimt unterheben und die Kürbissahne kalt stellen. Ein Waffeleisen erhitzen, leicht mit Öl einfetten und aus dem Teig nacheinander goldbraune Waffeln backen. Die Waffeln auf einem Kuchengitter lauwarm abkühlen lassen und mit der Kürbissahne servieren.

Kürbiskrokanteis

FÜR 4–5 PORTIONEN
250 g Kürbis, geputzt
1 Prise Salz
180 ml Milch
180 g Crème fraîche
180 g Zucker
50 g grüne Kürbiskerne
1 TL Kürbiskernöl
5 Eigelb
4 TL Amaretto

1 Den Kürbis klein würfeln, zusammen mit 1 Prise Salz in 50 ml Milch und 50 g Crème fraîche zugedeckt bei schwacher Hitze weich dünsten, pürieren und abkühlen lassen.

2 50 g Zucker in 25 ml Wasser unter Rühren auflösen und langsam aufkochen. Die Kürbiskerne zufügen und unter Rühren leicht karamellisieren. Das Kürbisöl unterrühren, alles auf ein Backblech gießen und erkalten lassen. 16 Kerne beiseite legen, die übrigen Kerne mahlen.

3 Den restlichen Zucker in 50 ml Wasser unter Rühren auflösen, langsam aufkochen, unter Rühren karamellisieren und etwas abkühlen lassen. Die Eigelbe mit der restlichen Milch verrühren, Kürbispüree, Karamell, restliche Crème fraîche und gemahlene Kürbiskerne zufügen, alles gut verrühren und langsam erhitzen, aber nicht kochen. Den Amaretto unterrühren. Die Masse in eine Schüssel geben, 24 Stunden in den Kühlschrank stellen, mit den karamellisierten Kürbiskernen dekorieren und tiefgefrieren.

Kürbismousse

FÜR 5–6 PORTIONEN
300 g Kürbis, geputzt
1 EL Butter
100 g Zucker
1 EL Zitronensaft
1 EL Orangensaft
250 g weiße Schokolade
1 Ei
1 Eigelb
250 g Sahne
Frucht- oder Beerensauce

1 Den Kürbis auf der Gemüsereibe raspeln. Die Butter in einem Topf zerlassen, den Orangen- und Zitronensaft sowie den Zucker zufügen, erhitzen und den Kürbis zugeben. Den Kürbis bei schwacher Hitze weich dünsten, abkühlen lassen und durch ein Sieb streichen.

2 Die Schokolade im heißen Wasserbad schmelzen. Ei und Eigelb schaumig schlagen und mit der Schokolade unter das Kürbispüree mischen. Die Sahne steif schlagen und unterheben. Die Mousse in Dessertschalen verteilen und 3–4 Stunden in den Kühlschrank stellen. Zu einer Frucht- oder Beerensauce servieren.

Kürbiskuchen

FÜR ETWA 12 STÜCKE
300 g Riesenkürbis, geputzt
abgeriebene Schale und Saft von
1/2 unbehandelten Zitrone
5 EL Apfelkraut
200 g Haselnüsse, gemahlen
100 g Speisestärke
50 g Mehl
2 TL Lebkuchengewürz
1/2 Päckchen Backpulver
4 Eier
Butter zum Einfetten
2 EL flüssiger Honig

1 Den Kürbis auf der Gemüsereibe fein raspeln und mit der Zitronenschale mischen. Das Apfelkraut bei schwacher Hitze erwärmen und mit dem Zitronensaft verrühren. Die Nüsse mit Speisestärke, Mehl, Lebkuchengewürz und Backpulver mischen. Den Backofen auf 180 °C (Gas Stufe 2–3) vorheizen.

2 Die Eier trennen und die Eiweiße steif schlagen. Zuerst nacheinander die Eigelbe, dann esslöffelweise das Obstkraut zum Eischnee geben und alles gut verrühren. Den Kürbis zufügen, die Nuss-Mehl-Mischung darüber streuen und alles zu einem glatten Teig verrühren. Eine Kastenform von 30 cm Länge einfetten. Den Teig darin verteilen und glatt streichen. Den Kuchen im Backofen auf der mittleren Schiene etwa 60 Minuten backen.

3 Den Kuchen herausnehmen, mit Honig bestreichen und weitere 10 Minuten im ausgeschalteten Ofen ziehen lassen. Den Kuchen herausnehmen, 20 Minuten ruhen lassen, stürzen und auf einem Kuchengitter abkühlen lassen.

Pumpkin-Pie

FÜR ETWA 12 STÜCKE
250 g Mehl
50 g Walnüsse, gemahlen
170 g Zucker
1 Prise Salz
5 Eier
180 g kalte Butter
Butter zum Einfetten
500 g Kürbis, geputzt
50 ml Apfelsaft
1/2 Zimtstange
1 Gewürznelke
1 unbehandelte Zitrone
2 cm Ingwerwurzel
250 g Crème fraîche

1 Mehl, Walnüsse, 1 EL Zucker und Salz mischen. 1 Ei und die Butter in Flöckchen darauf verteilen und alles mit den Händen rasch zu einem glatten Teig verkneten. Eine Springform von 28 cm Durchmesser einfetten und den Teig mit den Fingern in der Form verteilen, dabei einen kleinen Rand hochziehen. Den Teig 1 Stunde kalt stellen.

2 Inzwischen den Kürbis klein würfeln, mit dem Apfelsaft, der Zimtstange und der Gewürznelke in einen Topf geben und bei schwacher Hitze 15 Minuten weich dünsten. Die Zimtstange und Gewürznelke entfernen.

3 Den Backofen auf 200 °C (Gas Stufe 3–4) vorheizen. Die Zitrone waschen und die Schale abreiben. Den Ingwer schälen und fein reiben. Die restlichen Eier mit dem übrigen Zucker cremig rühren. Crème fraîche, Zitronenschale, Ingwer und Kürbis unterrühren. Den Belag auf dem Teigboden verteilen und glatt streichen. Den Kuchen auf der mittleren Schiene etwa 50 Minuten backen, herausnehmen und abkühlen lassen.

Halloween-Pie

FÜR ETWA 12 STÜCKE
200 g Mehl
100 g Butter
1 Prise Salz
50 g Zucker
1 TL abgeriebene unbehandelte Orangenschale
1/2 Fläschchen Butter-Vanille-Aroma
1 Ei
Butter zum Einfetten
750 g gelber Kürbis, geputzt
Saft und abgeriebene Schale von 1 unbehandelten Zitrone
3/8 l Apfelsaft
je 1 TL Lebkuchengewürz, Ingwerpulver und Zimtpulver
1 gestrichener EL Vanille-Puddingpulver
2 EL Apfelkraut
2 EL brauner Zucker
100 g Sahne

1 Das Mehl mit Butter, Salz, Zucker, Orangenschale, Butter-Vanille-Aroma und dem Ei zu einem glatten Teig verkneten. Eine Springform von 28 cm Durchmesser einfetten, mit dem Teig auslegen und dabei einen etwa 3 Zentimeter hohen Rand hochziehen. Den Teig mit einer Gabel mehrmals einstechen und 1 Stunde kalt stellen.

2 Inzwischen den Kürbis in Würfel schneiden, mit Zitronensaft und -schale, 1/4 l Apfelsaft, Lebkuchengewürz, Ingwer und Zimt aufkochen und zugedeckt bei schwacher Hitze in etwa 25 Minuten sehr weich kochen. Den Kürbis pürieren.

3 Das Puddingpulver mit dem restlichen Apfelsaft glatt rühren, mit dem Apfelkraut und dem Zucker unter das Kürbismus mischen und unter Rühren aufkochen, bis das Mus dick wird. Die Mischung abkühlen lassen.

4 Den Backofen auf 200 °C (Gas Stufe 3–4) vorheizen. Den Teigboden im Ofen auf der mittleren Schiene 20 Minuten vorbacken. Die Temperatur auf 180 °C (Gas Stufe 2–3) zurückschalten.

5 Die Sahne steif schlagen und unter das Kürbismus heben. Das Mus auf dem Kuchenboden verteilen, glatt streichen und den Kuchen im Backofen auf der untersten Schiene in 50-60 Minuten fertig backen. Den Kuchen herausnehmen, etwa 20 Minuten ruhen lassen, aus der Form lösen und auf einem Kuchengitter abkühlen lassen.

6 Zum Verzieren Pappschablonen für Augen und Mund ausschneiden und auf den kalten Kuchen legen. Den Kuchen dick mit Puderzucker bestäuben. Die Pappe vorsichtig wieder abnehmen und die ausgesparten Stellen mit gehackten grünen Pistazien oder roten Cocktailkirschen als „Augen" markieren. Den „Mund" mit schwarzem Mohn ausstreuen.

Kürbistarte

FÜR ETWA 12 STÜCKE
700 g Kürbis
210 g Mehl
1 EL Zucker
125 g kalte Butter
1 Prise Salz
4 Eier
130 g brauner Zucker
2 EL saure Sahne
abgeriebene Schale von
1/2 unbehandelten Zitrone
1/4 TL Zimtpulver

1 Den Kürbis mit einem Esslöffel von den Kernen und dem faserigen Gewebe befreien und mit der Schale auf dem Backblech im Backofen bei 200 °C (Gas Stufe 3–4) etwa 40 Minuten backen, bis das Fruchtfleisch weich ist. Etwas abkühlen lassen, aus der Schale lösen und fein pürieren.

2 Mehl, Zucker, die Butter in Stücken und Salz mit den Händen rasch zu einem glatten Teig verkneten, dabei eventuell noch etwas kaltes Wasser zugeben. Den Teig in Größe der Tarteform (30 cm Durchmesser) rund ausrollen. Die Form damit auskleiden und einen Rand hochziehen. Den Teig in der Form etwa 1 Stunde in den Kühlschrank stellen.

3 Den Backofen auf 200 °C (Gas Stufe 3–4) vorheizen. Die Eier mit Zucker, saurer Sahne, Kürbispüree, Zitronenschale und Zimt gründlich verrühren. Die Masse auf dem Teigboden verteilen und die Tarte im Ofen auf der mittleren Schiene etwa 40 Minuten backen, bis der Belag fest und leicht gebräunt ist.

Kürbisguglhupf

FÜR ETWA 12 STÜCKE
250 g Kürbis, geputzt
140 g Butter
120 g Puderzucker
1 Päckchen Vanillezucker
6 Eier
100 g Quark (10%)
200 g Mandeln, gemahlen
1/4 TL Lebkuchengewürz
140 g Weizenvollkornmehl
1 Päckchen Backpulver
120 g Zucker
Butter zum Einfetten
Semmelbrösel zum Ausstreuen
Schoko-Glasur

1 Den Kürbis auf der Gemüsereibe raspeln. Butter, Puderzucker und Vanillezucker schaumig rühren. Die Eier trennen und nacheinander zuerst die Eigelbe, dann den Quark und die Kürbisraspel unterrühren. Mandeln, Lebkuchengewürz, Mehl und Backpulver mischen und ebenfalls unterrühren. Die Eiweiße mit dem Zucker steif schlagen und unterheben.

2 Eine Guglhupfform einfetten und mit Semmelbröseln ausstreuen. Den Backofen auf 160 °C (Gas Stufe 2) vorheizen. Den Teig in die Form füllen und im Ofen auf der mittleren Schiene 1 Stunde backen. Den Guglhupf herausnehmen, 10 Minuten ruhen lassen, auf ein Kuchengitter stürzen und mit Schokoladenglasur überziehen.

Kürbismuffins

FÜR 12 STÜCKE
100 g Kürbis, geputzt
2 TL Zitronensaft
2 Eier
100 g brauner Zucker
1/2 Päckchen Vanillezucker
1/8 l Sonnenblumenöl
125 g Mehl
1 1/2 TL Backpulver
1/2 TL Natron
1 TL Zimtpulver
125 g Haselnüsse, gemahlen
Butter für die Muffinform (oder 24 Papierbackförmchen)
Puderzucker zum Bestäuben

1 Den Kürbis auf der Gemüsereibe fein raspeln und mit dem Zitronensaft beträufeln. Den Backofen auf 200 °C (Gas Stufe 3–4) vorheizen. Die Vertiefungen einer Muffinform (für 12 Muffins) einfetten oder jeweils zwei Papierbackförmchen ineinander stellen.

2 Eier, Zucker, Vanillezucker und Öl sehr schaumig schlagen. Das Mehl mit Backpulver, Natron, Zimt und Nüssen vermischen und nach und nach unterrühren. Die Kürbisraspel unterheben.

3 So viel Teig in die Muffinform oder die Papierförmchen geben, dass sie zu 2/3 gefüllt sind. Die Muffins im Backofen auf der mittleren Schiene etwa 20 Minuten backen, bis sie aufgegangen und leicht gebräunt sind. Die Muffins herausnehmen, etwa 10 Minuten ruhen lassen, herauslösen und abkühlen lassen. Mit Puderzucker bestäuben.

Kürbis-Nuss-Kuchen

FÜR ETWA 12 STÜCKE

130 g kalte Butter
250 g Dinkelvollkornmehl
Salz, 50 g Honig
3 Eier
Butter zum Einfetten
Mehl zum Ausrollen
120 g Walnüsse
3 EL Zucker
40 g weiche Butter
300 g Kürbispüree (Seite 100)
200 g Crème fraîche
2 EL Honig
3 EL Rum oder Orangensaft
1/2 TL Nelkenpulver
1/4 TL geriebene Muskatnuss
1 TL Zimtpulver

1 Kalte Butter in Stücken mit dem Mehl von Hand krümelig reiben, auf die Arbeitsfläche geben, eine Vertiefung eindrücken und 1 Prise Salz, Honig, 2 EL Wasser und 1 Ei hineingeben. Alles zu einem glatten Teig verkneten, in Folie wickeln und 30 Minuten kühl stellen.

2 Springform (28 cm) einfetten. Teig auf bemehlter Arbeitsfläche ausrollen, in die Form legen und einen Rand hochziehen. Nüsse grob hacken, mit Zucker und Butter verrühren und auf dem Boden verteilen. Den Backofen auf 200 °C (Gas Stufe 3–4) vorheizen.

3 Die restlichen Eier verquirlen und mit dem Kürbispüree, der Crème fraîche, dem Honig, Rum oder Orangensaft, 1 Prise Salz, Nelkenpulver, Muskatnuss und Zimt gründlich vermischen. Die Masse auf dem Teigboden verteilen.

4 Den Kuchen im Ofen auf der mittleren Schiene 10 Minuten backen, die Temperatur auf 190 °C (Gas Stufe 3) zurückschalten und weitere 40 Minuten backen. Den Kuchen herausnehmen, 20 Minuten ruhen lassen, auf ein Kuchengitter stürzen und erkalten lassen. Zu Schlagsahne servieren.

Kürbis-Kokos-Kuchen

FÜR ETWA 20 STÜCKE

500 g Kürbis, geputzt
200 g Kokosflocken
3 Eier
400 g Zucker
200 ml Öl
2 Päckchen Vanillezucker
500 g Mehl
1 Päckchen Backpulver
10 Tropfen Bittermandelöl
Butter zum Einfetten

1 Den Kürbis auf der Gemüsereibe fein raspeln. Die Kokosflocken in einer beschichteten Pfanne unter ständigem Rühren kurz anrösten. Die Eier mit dem Zucker und dem Vanillezucker schaumig rühren. Die Kürbisraspel und das Öl zufügen und gut unterrühren. Mehl und Backpulver mischen, sieben und zusammen mit den Kokosflocken esslöffelweise unter die Kürbismasse rühren. Das Bittermandelöl zufügen.

2 Den Backofen auf 180 °C (Gas Stufe 2–3) vorheizen. Zwei 30 cm lange Kastenformen mit Butter einfetten und den Teig darin verteilen. Die Kuchen im Ofen auf der mittleren Schiene etwa 60 Minuten backen und die Stäbchenprobe machen. Herausnehmen, in der Form 20 Minuten ruhen lassen, auf ein Kuchengitter stürzen und abkühlen lassen. Nach Belieben mit Kuvertüre überziehen und die Kuchen in Alufolie eingewickelt 2–3 Tage im Kühlschrank ziehen lassen.

Kürbis-Schokoladen-Kuchen

FÜR ETWA 12 STÜCKE

60 g Butter
300 g Kürbis, geputzt
100 g bittere Schokolade
200 g Zucker
4 Eier
abgeriebene Schale und Saft von 1/2 unbehandelten Zitrone
1 TL Zimtpulver
1 Prise Salz
125 g Haselnüsse, gemahlen
100 g Mehl
1 TL Backpulver
Butter zum Einfetten
100 g Johannisbeergelee oder Himbeergelee
1 EL Puderzucker

1 Die Butter zerlassen. Den Kürbis auf der Gemüsereibe raspeln. Die Schokolade fein reiben. Zucker und Eier schaumig rühren. Zitronenschale und -saft, Zimt, Salz, Haselnüsse und die Schokolade zufügen. Das Mehl mit dem Backpulver mischen, darüber sieben und alles gründlich verrühren. Die flüssige Butter und die Kürbisraspel untermischen.

2 Eine Springform von 26 cm Durchmesser mit Butter einfetten. Backofen auf 180 °C (Gas Stufe 2–3) vorheizen. Teig in die Form füllen, glatt streichen und im Backofen auf der mittleren Schiene etwa 45 Minuten backen.

3 Den Kuchen herausnehmen, abkühlen lassen und mit einem großen scharfen Messer einmal quer halbieren. Das Gelee auf dem Kuchenboden verteilen, die obere Hälfte wieder auflegen und dick mit Puderzucker bestäuben. Den Kuchen einen Tag ruhen lassen.

Kürbis-Honigbrot mit Aprikosen

FÜR ETWA 10 STÜCKE

200 g getrocknete Aprikosen
250 g Honig
250 ml Milch
750 g Mehl
1 Päckchen Backpulver
1 TL Zimtpulver
1 Prise Muskatnusspulver
1 Prise Nelkenpulver
1 Prise Ingwerpulver
300 g Kürbispüree (siehe Seite 100)

1 Die Aprikosen klein schneiden und in etwas warmem Wasser einweichen. Den Honig und die Milch unter Rühren erwärmen, bis sich der Honig darin aufgelöst hat.

2 Mehl, Backpulver, Zimt, Muskatnuss, Nelke und Ingwer mischen, in eine Schüssel sieben und mit dem Kürbispüree gründlich verrühren. Die Aprikosen untermischen und so viel Honigmilch dazugeben, dass ein geschmeidiger Teig entsteht.

3 Den Backofen auf 180 °C (Gas Stufe 2–3) vorheizen. Eine 25 cm lange Kastenform mit Butter einfetten und den Teig darin verteilen. Das Honigbrot im Ofen auf der mittleren Schiene etwa 80 Minuten backen und die Stäbchenprobe machen. Herausnehmen, in der Form 20 Minuten ruhen lassen, auf ein Kuchengitter stürzen und abkühlen lassen.

Kürbisbrötchen

FÜR 16 STÜCKE
300 g Kürbis, geputzt
30 g Hefe
500 g Mehl
200 ml lauwarme Milch
1 TL Salz
1 Prise Muskatnuss
Mehl für die Arbeitsfläche
1 Eiweiß
2 EL Kürbiskerne

1 Den Kürbis würfeln, in 1/2 l Wasser bei schwacher Hitze zugedeckt in 15-20 Minuten weich kochen, gut abtropfen lassen und noch heiß mit dem Stabmixer pürieren.

2 Die Hefe zerbröckeln und mit 1 EL warmem Kürbispüree verrühren. Das Mehl in eine Schüssel sieben und Kürbispüree, Hefe-Kürbis-Mischung, Milch, Salz und Muskatnuss zufügen. Alles mehrere Minuten lang zu einem glatten, eher weichen Teig kneten und gegebenenfalls noch etwas Mehl zufügen. Die Schüssel mit einem feuchten Tuch bedecken und den Teig an einem warmen Ort gehen lassen, bis er sein Volumen verdoppelt hat.

3 Den Backofen auf 200 °C (Gas Stufe 3–4) vorheizen. Ein Backblech mit Backpapier auslegen. Den Teig in 16 Stücke teilen. Die Teigstücke auf einer bemehlten Arbeitsfläche zu Kugeln formen, auf das Blech setzen, mit Eiweiß bestreichen und mit Kürbiskernen bestreuen. Die Brötchen nochmals 15 Minuten gehen lassen und im Ofen auf der zweiten Schiene von unten 25–30 Minuten backen. Auf einem Kuchengitter auskühlen lassen.

Kürbisbrot

FÜR 2 BROTE À 1,5 KG
750 g Kürbis, geputzt
400 ml Milch
50 g Hefe
250 g Zucker
125 g Butter
1,5 kg Mehl
200 g Rosinen (nach Belieben)
1 Prise Salz
Butter für die Formen

1 Den Kürbis würfeln, in der Milch zugedeckt bei schwacher Hitze in 15–20 Minuten weich kochen, pürieren und etwas abkühlen lassen. Das lauwarme Püree mit der Hefe und etwas Zucker verrühren und die Mischung zugedeckt 10 Minuten gehen lassen. Mit dem restlichen Zucker, Mehl, Rosinen und Salz zu einem geschmeidigen Teig verkneten und zugedeckt an einem warmen Platz gehen lassen, bis sich sein Volumen verdoppelt hat.

2 Den Teig nochmals kräftig durchkneten und in zwei Hälften teilen. Zwei Kastenformen von je 30 cm Länge einfetten. Den Teig darin verteilen und nochmals 30 Minuten gehen lassen. Den Backofen auf 200 °C (Gas Stufe 3–4) vorheizen. Die Formen auf den Boden des Backofens stellen und die Brote 60 Minuten backen.

Kürbiskernbrot

Für 1 Brot à 1,5 kg
600 g Weizenvollkornmehl
100 g Weizenschrot
100 g Kürbiskerne
2 Päckchen Trockenhefe
1 EL Salz
1 EL Zucker
600 ml Buttermilch
150 g Sauerteig (Fertigprodukt)

1 Mehl mit Schrot mischen. Die Hälfte der Kürbiskerne, Hefe, Salz und Zucker zufügen. Buttermilch und Sauerteig zugeben und alles zu einem glatten Teig verkneten. Den Teig zugedeckt etwa 1 Stunde an einem warmen Platz gehen lassen.

2 Eine 30 cm lange Kastenform mit Backpapier auslegen und mit der Hälfte der restlichen Kürbiskerne ausstreuen. Den Teig nochmals gründlich verkneten und in die Form geben. Die übrigen Kürbiskerne darüber streuen und den Teig weitere 30 Minuten gehen lassen.

3 Backofen auf 200 °C (Gas Stufe 3–4) vorheizen und ein ofenfestes Schälchen mit kochendem Wasser auf den Ofenboden stellen. Brot im Ofen auf mittlerer Schiene ca. 60 Minuten backen.

TIPP

30 g Kürbiskerne enthalten 151 mg Magnesium, mehr als 1/3 der empfohlenen Tageszufuhr. Magnesiummangel steht mit den wichtigsten Risikofaktoren für Herzerkrankungen in Verbindung – Bluthochdruck, erhöhter Cholesterinspiegel u.a.

Kürbis-Apfel-Brot

Für 1 Brot à 1,2 kg
30 g Hefe
1 EL Honig
650 g Mehl (Type 405)
150 g Kürbis, geputzt
1 Apfel
60 g Haselnüsse, gemahlen
Saft von 1/2 Zitrone
1 Prise Zimtpulver
1 Prise Nelkenpulver
150 g Dickmilch
2 TL Salz

1 Die Hefe in 125 ml lauwarmem Wasser auflösen. Den Honig und die Hälfte des Mehls zufügen, alles gut durchkneten und den Vorteig 20 Minuten zugedeckt gehen lassen.

2 Inzwischen den Kürbis auf der Gemüsereibe grob raspeln. Den Apfel schälen, vierteln, entkernen und ebenfalls grob raspeln. Kürbis, Apfel, Nüsse, Zitronensaft, Nelken- und Zimtpulver mischen und mit der Dickmilch und dem Salz zum Vorteig geben. Das restliche Mehl zugeben, alles mit den Händen etwa 5 Minuten gründlich verkneten und den Teig zugedeckt an einem warmen Platz 1 Stunde gehen lassen.

3 Ein Backblech mit Backpapier auslegen. Den Teig zu einem Laib formen, auf das Backblech legen und nochmals 20 Minuten gehen lassen. Den Backofen auf 210 °C (Gas Stufe 4) vorheizen und ein ofenfestes Schälchen mit kochendem Wasser auf den Backofenboden stellen. Das Kürbisbrot im Ofen auf der untersten Schiene 50–60 Minuten backen, bis es sich beim Klopfen hohl anhört.

Chutneys, Marmelade und Co.

Kürbis-Preiselbeer-Chutney

FÜR ETWA 3 GLÄSER À 500 GRAMM

750 g Kürbis, geputzt
2 säuerliche Äpfel
2 Knoblauchzehen
2 rote Zwiebeln
1 Zweig Rosmarin
100 g Preiselbeeren
1 rote Chilischote
1 TL gelbe Senfkörner
1 TL Koriandersamen
3 Pimentkörner
1 EL Öl
300 g brauner Zucker
300 ml weißer Balsamicoessig
1-2 TL Salz
Pfeffer

1 Den Kürbis in 2 cm große Würfel schneiden. Die Äpfel waschen (nicht schälen), vierteln und das Kerngehäuse entfernen. Die Apfelviertel in 1 cm große Würfel schneiden. Den Knoblauch und die Zwiebeln abziehen. Die Zwiebeln fein würfeln, den Knoblauch zerdrücken. Den Rosmarin und die Preiselbeeren waschen und trocknen. Die Chilischote waschen, Kerne und Trennwände entfernen und die Schote fein hacken. Senf-, Koriander- und Pimentkörner im Mörser grob zerstoßen.

2 Das Öl in einem Topf erhitzen und die Zwiebel darin glasig dünsten. Knoblauch, Chili und zerstoßene Gewürze zugeben und unter Rühren kurz mitdünsten, bis sie duften. Kürbis, Apfel, Rosmarin, Preiselbeeren, Zucker und Essig zufügen und alles unter häufigem Rühren zugedeckt bei mittlerer Hitze in 30 Minuten einkochen, dabei darauf achten, dass nichts ansetzt. Den Rosmarin entfernen. Das Chutney abschmecken und sofort randhoch in saubere, heiß ausgespülte Gläser mit Twist-off-Verschluss einfüllen. Die Gläser fest verschließen und umgedreht abkühlen lassen.

Kürbis-Pfirsich-Chutney

FÜR ETWA 2 GLÄSER À 500 GRAMM

200 g Muskatkürbis, geputzt
1 gelbe Paprikaschote
3 kleine Pfirsiche
200 ml Weißweinessig
75 ml Apfelsaft
75 g Rosinen
1 TL Senfkörner
1/2 TL Senfpulver
1 Msp. Zimtpulver
230 g Gelierzucker

1 Den Kürbis raspeln. Die Paprikaschote waschen, trocknen, von Kernen und Trennwänden befreien und klein würfeln. Die Pfirsiche häuten, entkernen und fein schneiden.

2 Pfirsich, Paprikaschote und Kürbisraspel in einem Topf mit Essig, Apfelsaft und Rosinen unter Rühren zum Kochen bringen, die Gewürze und den Gelierzucker zufügen und alles etwa 10 Minuten bei mittlerer Hitze kochen, dabei immer wieder umrühren. Das Chutney sofort randhoch in saubere, heiß ausgespülte Gläser mit Twist-off-Verschluss füllen. Die Gläser fest verschließen und auf den Kopf stellen.

Kürbis-Tomaten-Chutney

FÜR ETWA 2 GLÄSER À 500 GRAMM
300 g Kürbis, geputzt
300 g Tomaten
2 große Zwiebeln
2 Knoblauchzehen
1 EL Öl
250 ml Essig
200 g brauner Zucker
Salz
1 TL Senfpulver
1 TL Pfefferkörner
1 Zimtstange

1 Den Kürbis in 2 cm große Würfel schneiden. Die Tomaten heiß überbrühen, abziehen, vierteln und das Fruchtfleisch klein würfeln. Den Knoblauch und die Zwiebeln abziehen. Die Zwiebeln in dünne Scheiben schneiden, den Knoblauch fein hacken.

2 Das Öl in einem Topf erhitzen und die Zwiebeln darin glasig dünsten. Knoblauch, Tomate und Kürbis zugeben und kurz mitschmoren. Essig, Zucker, etwas Salz und die Gewürze zufügen und alles bei schwacher Hitze zugedeckt unter häufigem Rühren etwa 30 Minuten kochen, bis das Chutney leicht eindickt.

3 Die Zimtstange entfernen. Das Chutney nochmals mit Salz abschmecken und sofort randhoch in saubere, heiß ausgespülte Gläser mit Twist-off-Verschluss füllen. Die Gläser fest verschließen und auf den Kopf stellen.

Kürbis-Apfel-Chutney

FÜR ETWA 2 GLÄSER À 500 GRAMM
2 Zwiebeln
2 große säuerliche Äpfel
200 g Zucchini
1 EL Öl
400 g eingelegter Kürbis (siehe Seite 100)
Saft und abgeriebene Schale von 1 unbehandelten Zitrone
2 Zimtstangen
200 ml Rum
180 g Gelierzucker

1 Die Zwiebeln abziehen, halbieren und in Ringe schneiden. Die Äpfel schälen, vierteln, entkernen und klein würfeln. Die Zucchini waschen, putzen, längs halbieren und in Scheiben schneiden.

2 Das Öl in einem Topf erhitzen und zuerst die Zwiebel, dann die Zuchini darin andünsten. Apfelwürfel, Kürbis, Zitronenschale und -saft, Zimtstangen und Rum zufügen, den Gelierzucker unterrühren und alles bei mittlerer Hitze knapp 15 Minuten unter häufigem Rühren kochen, bis das Chutney leicht eindickt.

3 Die Zimtstangen entfernen und das Chutney sofort randhoch in saubere, heiß ausgespülte Gläser mit Twist-off-Verschluss füllen. Die Gläser fest verschließen und auf den Kopf stellen.

Kürbis-Holunder-Kompott

FÜR ETWA 4 GLÄSER À 500 GRAMM
750 g Kürbis, geputzt
200 ml Apfelessig
500 g Holunderbeeren ohne Stiel
Zucker
Saft von 1/2 Zitrone

1 Den Kürbis in 2 cm große Würfel schneiden. Die Kürbiswürfel in einer Schüssel mit dem Essig und 1,3 l Wasser übergießen und über Nacht ziehen lassen. Die Kürbisstücke in ein Sieb abgießen und gut abtropfen lassen.

2 Die Holunderbeeren waschen und in 0,5 l Wasser zugedeckt 25 Minuten kochen. Den Saft durch ein Tuch gießen, abwiegen, mit der gleichen Menge Zucker und dem Zitronensaft mischen und aufkochen. Die Kürbiswürfel zufügen und bei schwacher Hitze in etwa 15 Minuten weich kochen. Den Kürbis sofort in saubere, heiß ausgespülte Twist-off-Gläser füllen, randhoch mit dem kochendheißen Saft auffüllen und die Gläser fest verschließen.

Kürbis-Ingwer-Kompott

FÜR ETWA 6 GLÄSER À 500 GRAMM
1,5 kg Kürbis, geputzt
2 l Obstessig
4 cm Ingwerwurzel
Schale von 1/2 unbehandelten Zitrone
1/2 Zimtstange
4 Gewürznelken
1,5 kg Zucker
250 ml Weinessig

1 Den Kürbis in 2 cm große Würfel schneiden und in einer Schüssel mit dem Obstessig und etwa 1 l Wasser übergießen, sodass er völlig bedeckt ist. Den Kürbis zugedeckt über Nacht ziehen lassen, abgießen und abtropfen lassen.

2 Den Ingwer schälen und zusammen mit der Zitronenschale, der Zimtstange und den Gewürznelken in einen Stoffbeutel füllen. Den Zucker unter Rühren in 500 ml Wasser und dem Weinessig auflösen und aufkochen. Den Gewürzbeutel und den Kürbis zugeben. Den Kürbis so lange kochen, bis er glasig ist, mit der Schaumkelle herausheben und in saubere, heiß ausgespülte Twist-off-Gläser verteilen. Die Gewürze vorher entfernen.

3 Den Sud bei starker Hitze offen 5 Minuten einkochen lassen, eventuell mit Essig nachwürzen (die Flüssigkeit muss intensiv schmecken), über den Kürbis gießen und die Gläser sofort fest verschließen.

Kürbis-Pflaumen-Kompott

FÜR ETWA 6 GLÄSER À 500 GRAMM

300 Trockenpflaumen
1/4 l Armagnac
20 g Ingwerwurzel
750 g kleine Zwiebeln
375 ml trockener Weißwein
100 ml Essig
500 g flüssiger Honig
5 Lorbeerblätter
1 kg Kürbis, geputzt

1 Die Pflaumen mit dem Armagnac übergießen, zugedeckt über Nacht ziehen lassen, herausheben und abtropfen lassen. Den Ingwer schälen und in dünne Scheiben schneiden. Die Zwiebeln abziehen. Weißwein, Essig, Honig, Lorbeerblätter und Ingwer aufkochen, die Zwiebeln darin bei milder Hitze 20 Minuten garen und mit einer Schaumkelle herausheben.

2 Den Kürbis in 2 cm große Würfel schneiden und portionsweise in dem Sud in jeweils etwa 5 Minuten glasig kochen. Kürbis, Zwiebeln und Pflaumen in sauberen, heiß ausgespülten Twist-off-Gläsern verteilen. Die Lorbeerblätter entfernen. Den Sud mit dem Pflaumen-Armagnac verrühren, kurz erhitzen und darüber gießen. Die Gläser fest verschließen und den Kürbis mindestens 1 Woche ziehen lassen.

TIPP

Der Kürbis hält sich an einem kühlen, dunklen Platz 4 bis 6 Monate.

Kürbis-Anis-Kompott

FÜR ETWA 5 GLÄSER À 500 GRAMM

2 kg Kürbis, geputzt
900 g Zucker
8 EL Essig
1/8 l Apfelsaft
1 unbehandelte Zitrone
40 g Ingwerwurzel
8 Gewürznelken
3 Zimtstangen
5 Sternanis
Salz

1 Den Kürbis in 2 cm große Würfel schneiden. Den Zucker mit 1/4 l Wasser, dem Essig und dem Apfelsaft aufkochen und die Kürbiswürfel zufügen.

2 Die Zitrone waschen und trocknen. Mit einem Zestenreißer schmale Streifen von der Schale abziehen und die Schalen in den Sud geben. Den Ingwer schälen, in hauchdünne Scheiben schneiden und ebenfalls zufügen. Gewürznelken, Zimtstangen, Anis und 1 Prise Salz zugeben und alles bei schwacher Hitze zugedeckt 15 Minuten kochen.

3 Die Kürbiswürfel mit einer Schaumkelle herausheben und sofort in saubere, heiß ausgespülte Gläser mit Twist-off-Verschluss füllen. Zimtstangen und Gewürznelken entfernen. Den Sud offen noch etwa 5 Minuten bei starker Hitze einkochen lassen und über den Kürbis gießen. Die Gläser fest verschließen und kühl stellen.

TIPP

Der eingelegte Kürbis hält sich kühl aufbewahrt etwa 6 Monate.

Kürbis-Apfel-Marmelade

FÜR ETWA 7 GLÄSER À 500 GRAMM

1,2 kg Kürbis, geputzt
800 g säuerliche Äpfel, ohne Schale und Kerngehäuse
50 g Ingwerwurzel
abgeriebene Schale von 1 unbehandelten Orange
500 ml trockener Weißwein
Pimentpulver
1 kg Gelierzucker 2:1

1 Den Kürbis und die Äpfel in Würfel schneiden. Den Ingwer schälen und fein hacken. Kürbis, Apfel, Ingwer und Orangenschale mit dem Wein aufkochen, zugedeckt bei schwacher Hitze in etwa 20 Minuten weich dünsten und mit dem Stabmixer pürieren.

2 Das Püree mit Piment abschmecken, mit dem Gelierzucker mischen, aufkochen und 3 Minuten sprudelnd kochen. Die Marmelade sofort randhoch in saubere, heiß ausgespülte Gläser mit Twist-off-Verschluss füllen. Die Gläser fest verschließen und auf den Kopf stellen.

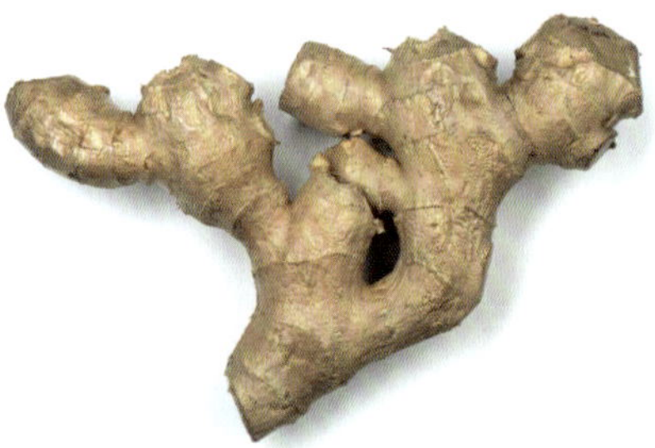

Kürbisgelee

FÜR ETWA 4 GLÄSER À 500 GRAMM

2 kg Kürbis, geputzt
1 l Rotweinessig
Zucker (1 kg pro Liter Saft)
1 TL Zimtpulver
1 TL Korianderpulver
1 TL Ingwerpulver

1 Den Kürbis raspeln, in einem Topf mit dem Essig übergießen, zugedeckt etwa 48 Stunden stehen lassen, aufkochen und zugedeckt in etwa 15 Minuten weich kochen. Die Kürbisraspel mit der Kochflüssigkeit durch ein sauberes Tuch in einen zweiten Topf gießen und dabei gut auspressen.

2 Den Saft abmessen und pro Liter Saft 1 kg Zucker unterrühren. Die Gewürze zufügen und das Gelee zugedeckt bei schwacher Hitze 4 bis 5 Stunden kochen, bis es braun und zähflüssig wie Honig ist. Das Gelee sofort randhoch in saubere, heiß ausgespülte Gläser mit Twist-off-Verschluss füllen. Die Gläser fest verschließen und auf den Kopf stellen.

Kürbis-Orangen-Konfitüre

FÜR ETWA 6 GLÄSER À 500 GRAMM

1 kg Kürbis, geputzt
1/2 l Orangensaft, frisch gepresst
abgeriebene Schale und Saft von 1 unbehandelten Zitrone
30 g Ingwer
1,5 kg Gelierzucker
4 EL Grand Marnier

1 Den Kürbis in 2 cm große Würfel schneiden und in einem Topf mit Orangensaft, Zitronenschale und -saft mischen. Den Ingwer schälen, fein reiben und zusammen mit dem Gelierzucker unterrühren. Den Kürbis 2 Stunden ziehen lassen.

2 Den Kürbis mit dem Pürierstab einmal kurz durchrühren, zum Kochen bringen und 4 Minuten sprudelnd kochen. Den Topf vom Herd nehmen und den Grand Marnier unterrühren. Die Konfitüre sofort randvoll in saubere, heiß ausgespülte Gläser mit Twist-off-Verschluss füllen. Die Gläser fest verschließen und auf den Kopf stellen.

Kürbis-Blaubeer-Konfitüre

FÜR ETWA 4 GLÄSER À 500 GRAMM

600 g Kürbis, geputzt
2 säuerliche Äpfel
250 g Blaubeeren
Saft von 1 Zitrone
200 ml Apfelsaft
1 kg Gelierzucker
4 EL Calvados

1 Den Kürbis klein würfeln. Die Äpfel schälen, vierteln, entkernen und ebenfalls klein würfeln. Die Blaubeeren waschen, in einem Topf mit den Kürbis- und Apfelstücken vermischen und mit dem Zitronensaft beträufeln. Den Apfelsaft zufügen und alles in knapp 10 Minuten zugedeckt weich dünsten.

2 Den Gelierzucker zugeben und die Konfitüre 3 Minuten sprudelnd kochen. Den Topf vom Herd nehmen und den Calvados unterrühren. Die Konfitüre sofort randhoch in saubere, heiß ausgespülte Gläser mit Twist-off-Verschluss füllen. Die Gläser fest verschließen und auf den Kopf stellen.

Kürbispüree

2 Schalotten
2 g Butter
200 g Kürbis, geputzt
50 ml Weißwein
100 g Sahne
Salz

1 Die Schalotten abziehen, fein schneiden und in der Butter glasig dünsten. Den Kürbis in Würfel schneiden, zugeben und mitdünsten. Den Wein zugießen, etwas einkochen, salzen und die Sahne unterrühren.

2 Alles zugedeckt bei schwacher Hitze 20 Minuten garen, eventuell überschüssige Flüssigkeit abschütten und den Kürbis mit dem Stabmixer fein pürieren. Das Püree nochmals mit Salz abschmecken.

Kürbis süßsauer

Kürbis
Dill
Estragon
Pfefferkraut
Pfefferkörner
Koriander
Zwiebelscheiben
Meerrettich
Gewürzpaprika

Kürbis in Würfel schneiden, unter Zugabe von Gewürzkräutern, wie Dill, Estragon, Pfefferkraut, ferner Pfefferkörnern, etwas Koriander, Zwiebelscheiben, etwas würflig geschnittenem Meerrettich und wenig fein geschnittenem Gewürzpaprika in Gläser schichten, mit einer abgekochten, ausgekühlten Aufgussflüssigkeit (bestehend zu gleichen Teilen aus 5%igem Essig und Wasser, etwas Salz und Zucker nach Geschmack) übergießen, die verschlossenen Gläser pasteurisieren.

Pasteurisierdauer: 1/2-Liter-Glas 30 Minuten bei 80 °C.

Kürbiskompott

FÜR 4 PORTIONEN
500 g Kürbis
1/4 l Essigwasser
120 g Zucker
1 Nelke
etwas Zimt und Zitronenschale
1 Stück Ingwer

500 g Kürbis in schöne gleichmäßige Würfel schneiden und im heißen Essigwasser mit Zucker und den Gewürzen glasig dünsten.

Rezeptverzeichnis

Aus dem lieferbaren Angebot

H.G. Becker

Ginkgo-Weltenbaum

96 Seiten, Farbfotos, gebunden

ISBN 978-3-89798-080-8

Eine sehr informative, gut lesbare Darstellung über den Ginkgo, seine Herkunft, Verbreitung, die Bedeutung in Medizin, Volkskunde, Literatur und Alltag.

Christiane Schlüssel/Katrin Pieper

Blüten-Küche

48 Seiten, farbige Blütenbilder, gebunden

ISBN 978-3-89798-151-5

Bilder für das Auge und Genüsse für den Gaumen hält dieses besondere Buch bereit. Von Sauerampfersoufflé bis zu gebratenen Löwenzahnrosetten zeigt es, wie sich aus Blüten und Kräutern kulinarische Überraschungen zaubern lassen.

Gudrun Ruschitzka

Gudruns Küchen-Allerlei

136 Seiten, Farbfotos, gebunden

ISBN 978-3-89798-197-3

Jahreszeitlich orientierte Küche bietet die versierte Kochbuchautorin hier, mit saisonalen Angeboten – also frisch, preiswert, vitaminreich und leicht nachzukochen.

BuchVerlag für die Frau GmbH · Gerichtsweg 28 · 04103 Leipzig · www.buchverlag-fuer-die-frau-de